Hermann Gebhardt
mit Kai Sender

Immer das artigste Kind

Wie Hermann zum Alkoholiker wurde.
Und warum er seit über 30 Jahren trocken ist.

Bibliografische Information der
Deutschen Nationalbibliothek:

Die Deutsche Nationalbibliothek verzeichnet diese Publikation in der Deutschen Nationalbibliografie; detaillierte bibliografische Daten sind im Internet über http://dnb.dnb.de abrufbar.

© 2016 Hermann Gebhardt, Hamburg.
www.suchtbericht.de

Herstellung und Verlag:
BoD – Books on Demand, Norderstedt
ISBN: 978-3-7431-1332-9

Der jetzt 34jährige ledige Angeschuldigte Hermann Gebhardt hat nach dem Abschluß der Volksschule den Beruf eines Quartiersmannes erlernt. Der Angeschuldigte ist arbeitslos und bezieht ca. 600,-- DM Arbeitslosenhilfe. Der Angeschuldigte ist wie folgt vorbestraft:

a) Am 31. 1. 1974 wegen Fahren ohne Fahrerlaubnis zu einer Geldstrafe von 200,-- DM oder 10 Tagen Freiheitsstrafe.

b) Am 7. 3. 1973 wegen fahrlässiger Straßenverkehrsgefährdung durch Trunkenheit am Steuer zu einer Geldstrafe von 600,-- DM oder 40 Tagen Freiheitsstrafe.

c) Am 28. 2. 1978 wegen Fahrgeldhinterziehung in 3 Fällen zu einer Geldstrafe von 15 Tagessätzen zu je 20,-- DM.

d) Am 3. 12. 1979 wegen Beförderungserschleichung in 3 Fällen zu einer Geldstrafe von 20 Tagessätzen zu je 20,-- DM.

e) Am 8. 1. 1981 wegen Unterschlagung zu einer Geldstrafe von 20 Tagessätzen zu je 50,-- DM.

f) Am 29.4. 1982 wegen versuchten Diebstahls zu einer Geldstrafe zu 70 Tagessätzen zu je 15,-- DM.

g) Am 18. 11. wegen fahrlässiger Trunkenheit im Verkehr zu einer Geldstrafe von 30 Tagessätzen zu je 20,-- DM.

h) Am 25. 5. 1983 wegen Betruges in 3 Fällen zu einer Geldstrafe von 80 Tagessätzen zu je 18,-- DM verurteilt. Datum der (letzten) Tat: 21. 3. 1982

Der Leidensweg

1978 bekam ich endlich wieder, durch die Hilfe meiner Mutter, eine neue Wohnung. Sie war in Hamburg-Osdorf, wo auch meine Mutter wohnte und meine Großmutter. Ich war mal wieder arbeitslos und hatte einen neuen Anfang. Lehrgeld hatte ich nun genug bezahlt.

Nach der Scheidung meiner Eltern bekam ich auf St. Pauli eine Wohnung zum Neuanfang.

Nachdem Kalle mir beim Umzug geholfen hatte, blieb er gleich dort mit wohnen. Es war eine Einzimmerwohnung, ein bisschen eng, aber wir kannten uns schon lang. Seine Eltern hatten ihn rausgeworfen, weil er sein ganzes Geld vertrank und nicht zur Arbeit ging. Bei mir war es anders, ich hatte keine Arbeit. Aber ich besorgte uns welche. Am ersten Tag hatten wir beide verschlafen, weil wir unseren Sieg wohl zu lange gefeiert hatten. Aber man verzieh uns. Es ging gut bis zum ersten Lohntag. Da haben wir ordentlich einen draufgemacht. Zwei Tage später haben wir uns wieder in der Firma gemeldet und bekamen eine Verwarnung. Aber wir wurden nicht entlassen. Das war wirklich ein Grund zum Feiern. Am nächsten Tag waren wir krank, dann kam die Kündigung. Bald danach flog ich wegen Mietschulden aus der Wohnung. Aber jetzt Osdorf.

Nach ein paar Tagen zog Michael zu mir. Er kam gerade aus dem Knast und war zu Hause rausgeflogen. Wir kannten uns aus der Rockerzeit. Er arbeitete auf dem Bau, ohne Papiere, und ich im Hafen. Ich musste jeden Morgen um 6.00 Uhr am Baumwall in einer Kneipe sein, zur Einteilung. Es gab täglich Geld. Viele der Arbeitsleute wohnten direkt in der Kneipe. Ich lernte sie alle kennen und bedauerte sie. Mir imponierte nur, wie sie zusammenhalten konnten.

Durch meinen Alkoholkonsum landete ich öfter nach der Arbeit dort und blieb gleich bis zum anderen Morgen. Das Lokal hatte rund um die Uhr geöffnet. Als ich eines Morgens nach Hause kam, war meine Wohnung total zertrümmert.

Es lagen ungefähr zehn Zentimeter hoch Scherben von Flaschen und Fensterscheiben auf dem Fußboden. Als ich Michael zur Rede stellte, wusste er angeblich von nichts.

In der letzten Zeit hatten wir fast täglich getrunken. Alles, was saufen wollte, landete bei mir. Im Imbiss war ich täglich, wenn ich zu Hause war. Dort trafen sich morgens um 10.00 Uhr alle Durstigen.

Ich hatte zwar täglich Geld, habe mich aber um Miete und ähnliches nicht gekümmert.

Mit Michael war es dasselbe wie mit Kalle. Er beteiligte sich nicht an den Kosten, sondern er schleppte alle möglichen Leute zum Saufen an. Mir wurde es zu bunt, und ich schmiss alle raus. Zu Michael sagte ich, er müsste sich morgen eine neue Bleibe suchen. Zum Abschied wurde einer getrunken. Micheal ging in die Küche, und ich wunderte mich, war er dort so lange machte. Nach einer Weile schaute ich nach: Die Küche war leer. Das Fenster stand offen, Michael hing nach außen, mit den Fingern krallte er sich in die Fensterbank. Wir brauchten nichts zu sagen, ich sah die Todesangst in seinen Augen. Ich konnte ihn nicht mehr reinziehen. Ich drückte ihn krampfhaft gegen die Wand, dann riss die Haut an meinen Armen in Fetzen, und er landete ein Stockwerk tiefer auf dem Balkon. Ich trug ihn in die Wohnung zurück und rief einen Notarztwagen. Als wir in meine Wohnung wollten, gab es Widerstand an der Tür. Wir drückten sie gemeinsam auf. Michael lag hinter der Tür, beide Pulsadern aufgeschnitten. Er konnte gerettet werden.

Ich hatte vom Saufen die Schnauze voll. Ein Bekannter besorgte mir neue Arbeit im Hafen, mit Papieren. Es gefiel mir, ich machte viele Überstunden.

Oma lieh mir etwas Geld. Ich ließ mir Telefon legen und kaufte mir einen VW-Bus. Das Trinken wurde weniger, die Arbeit machte Spaß. Ich kümmerte mich um die Miete.

Wenn bloß morgens das Zittern nicht gewesen wäre. Ich musste morgens immer zwei bis drei Biere trinken.

> | Mitgl. gebpfl. | AOK | LKK | BKK | IKK | VdAK | AEV | Knappschaft | UV*) |
>
> AOK HBG
>
> Name des Versicherten: GEBHARDT HERMANN   Vorname, geb. am 9,8,51
>
> Wohnung des Patienten: HARKORTSTR. 38, 2/50
>
> Datum: 27.05.83
>
> Rp.
>
> Bei dem o.a. Pat. ist eine Entziehungsbehandlung wegen Alkoholismus mit Psychotherapie z.B. Bad Herzfeld dringend erforderlich.
>
> 02 86 160-36
> Dr. med. Claus Carstensen
> Praktischer Arzt
> Ottenser Hauptstr. 35
> 2000 Hamburg 50 – Tel. 390 29 22

Über Pfingsten wollten wir mit mehreren Leuten nach Dortmund, zu einem Rockfestival. Für die Fahrt nahmen wir ordentlich Bier mit, aber ich musste fahren. Wir wollten in Dortmund Ordnerdienst machen und hatten dort einen Schlafplatz. Die Verpflegung war umsonst. Da einige Ordner ausgefallen waren, haben wir am Tag gesoffen und nachts Dienst geschoben. Am ersten Tag kam ich mit einem jungen Mädchen ins Gespräch. Sie war auch aus Hamburg und wusste nicht, wo sie schlafen sollte. Ohne Hintergedanken überließ ich ihr meinen Schlafplatz und meine Verpflegung. Seitdem kam sie sehr oft vorbei und brachte mir am Saaleingang immer Kaffee vorbei. Ich war verliebt. Bevor sie zurückfuhr, gab sie mir ihre Adresse und Telefonnummer.

Wieder in Hamburg, zwei Tage später als geplant, rief ich bei ihr an. Ich wurde eingeladen. Die Eltern bedankten sich bei mir, dass ich auf Sylvia aufgepasst hatte. Aus der Freundschaft wurde Liebe. Da ich jede Sekunde mit ihr zusammen sein wollte, verlor ich mal wieder meine Arbeit. Es ergab sich öfter, dass ich bei ihr schlief.

Ich trank weniger und hatte jeden Morgen Entzug, sodass ich keine Tasse halten konnte. Dies blieb den Eltern nicht verborgen. Ich erklärte es durch zu viel Arbeit und zu wenig Schlaf. Die Eltern änderten wohl ihre Meinung über mich. Ich war verzweifelt, ich wollte nicht mehr trinken und musste es doch tun.

Ende August trat Sylvia ihr Studium im Ausland an. Wir schworen uns, die Wahrheit zu sagen, falls jemand einen anderen Partner kennenlernt. Kurz vor Weihnachten kam der letzte Brief. Wir würden uns ja im Urlaub sehen und nach dem Studium wollten wir eine Familie gründen. Ich sah Sylvia nie wieder und hörte nie wieder etwas von ihr. Nachforschungen bei den Eltern blieben erfolglos.

Trotz Trauer im Herzen bin ich ihr für die schönsten Monate meines Lebens dankbar. Jetzt, da ich eigentlich aufhören wollte mit dem Saufen, fing ich erst richtig an. Nach Monaten der Arbeitslosigkeit bekam ich Arbeit bei einem Nachbarn, als Fahrer. Ich machte Stunden und soff. Dass ich meinen Führerschein nicht verlor, ist ein Wunder.

Da ich eine Gerichtsstrafe bezahlen musste, wandte ich mich an meinen Chef, von dem ich mittlerweile über 2.000,-- DM zu bekommen hatte. Er bezahlte mit einem ungedeckten Scheck und verschwand. Ich wurde verhaftet und saß 55 Tage in Einzelhaft.

Durch einen Arbeitskollegen hatte ich dessen Tochter kennengelernt. Wir waren kurz vor der Verlobung. Ihre Reaktion auf die Haft war, dass sie mir ihre drei Wolfshunde auf den Hals schicken würde, falls ich jemals wieder in ihre Nähe käme.

Zur gleichen Zeit erfuhr ich, dass meine Wohnung aufgelöste worden war. Oma und Opa waren inzwischen verstorben. Ich hatte das Gefühl, überflüssig zu sein. Ich merkte mit Schrecken, dass meine Angst vor einem Selbstmordversuch immer kleiner wurde. Durch einen Irrtum der Behörden erfuhr meine Mutter erst nach 14 Tagen, wo ich war. Sie hatte mich überall gesucht. Aber ich musste annehmen, sie wollte von mir nichts mehr wissen. Es wäre für alle die einfachste Lösung, wenn ich tot wäre. Wer hätte mich schon vermisst. Aber Rachegedanken an meinen Chef und die Angst, dass es nicht klappte, da ich dauernd durch den Türspion beobachtet wurde, ließen mich am Leben. Nach 55 Tagen gezwungenen Entzug vom Alkohol war ich geheilt.

Tagelang wurde mit meinen Kumpanen das Wiedersehen gefeiert. Ich wurde überall rumgereicht und wohnte überall. Dann kam die Nacht, und ich grübelte über mein Leben nach. So viele Tränen habe ich noch nicht vergossen, wie in dieser Nacht. Das war kein Leben, es war Selbstverstümmelung. Mit Mühe und Not bekam ich morgens meine Hose an: Entzug. Ich schloss mit mir einen Kompromiss: „Wenn meine Mutter nicht zu Hause ist, springe ich vom Hochhaus." Ich glaube, das war das erste Mal, dass ich es ernst meine. Mütter können wohl durch Wände gucken, denn sie war seltsamerweise nicht zur Arbeit. Ich bat sie unter Tränen, mich zum sozialtherapeutischen Dienst zu fahren, von dem ich schon einmal gehört hatte. Auf dem Weg suchte ich schon wieder nach Ausflüchten. Ich hatte Angst, dass ich mich nicht auf den Beinen halten konnte.

Nach einer Woche bekam ich in Hamburg-Jenfeld einen Platz. Diese Woche verbrachte ich in einer Pension auf dem Lande, wo ich durch Alpträume und Todesangst keinen Schlaf fand. Aber mein Kreislauf hielt durch. In Jenfeld ging es wieder gut - bis zum .

Ich hatte mich fürs Wochenende abgemeldet. Alle wussten, dass ich keinen Alkohol mehr trank. An alles war gedacht, bloß nicht an alkoholfreie Getränke. Nach langem Hin und Her gestattete ich mir ein Bier. Ich Idiot. Es fiel ja nicht auf, weil ich erst Sonntagabend zurück sein musste. Als ich aufwachte, waren die anderen schon beim Frühschoppen. Ich hielt gut mit - bis Montagmorgen. Adé, Jenfeld - wieder ohne Wohnung. Schlafen in Bussen, in Treppenhäusern, draußen, im Stehen und gar nicht. Dann traf ich Peter, er wohnte mit jemandem in Norderstedt. Ich komme dort unter.

Zwischendurch kleine Haftstrafen. Teilweise Sehnsucht nach dem Gefängnis.

Neuanfang: „Junge Leute zum Mitreisen gesucht, guter Verdienst. Unterkunft vorhanden." Da ich nach drei Tagen an Haustüren nichts verkauft hatte, wurde ich ohne einen Pfennig drei Kilometer von der Schweizer Grenze entfernt ausgesetzt. Gott sei Dank bestand noch ein Haftbefehl über 19 Tage: Transport nach Hamburg, Absitzen der Strafe, Entlassung. Ich schlief eine Nacht im Obdachlosenasyl „Pik As", dann wieder in Treppenhäusern, Kneipen oder einfach gar nicht. Paradox, aber ich wünschte mich wieder ins Gefängnis. Dort gab es ein Bett, Essen, Arbeit und Menschen.

1982 zog ich in eine Wohnung in Altona. Am Anfang ohne Alkohol, dann kommt Peter aus dem Knast, wohnt bei mir. Die guten Vorsätze sind wieder weg, beim ersten Mal sind wir drei Tage auf Sauftour. Jeden Tag saufen. Dann Besuch einer Selbsthilfegruppe, regelmäßig.

Im August 1983 folgt eine Entgiftung. Danach wohne ich im Jakob-Junker-Haus (Heilsarmee). Tagelang bleibe ich trocken. Eine Therapie wird verschoben, ich bin verzweifelt, wieder saufen. Ich habe jeden Tag Laufereien wegen Behörden. Angst, Verzweiflung, mit den Nerven am Ende. Gleichgültigkeit.

Freie und Hansestadt Hamburg
Bezirksamt Altona
Sozialamt
Obdachlosenbetreuung

2000 Hamburg 50
Rathaus

Den 15. JUNI 1983

☎ 38072078

Gz. A/5033-OP

Herrn
Hermann Gebhardt
Harkortstr. 38
2000 Hamburg 50

Betreff: Wohnungsräumung / ~~Zimmerräumung~~

Sehr geehrte ~~r~~ Herr Gebhardt!

Durch den Gerichtsvollzieher wurde hier bekannt, daß für Ihre gegenwärtige Unterkunft ein Räumungstermin auf den 23.06.83 festgesetzt worden ist.

Bitte versuchen Sie beim Amtsgericht Altona noch einen Räumungsaufschub zu erwirken. Wenn Ihnen keine Räumungsfrist gewährt wird und Sie keine andere Unterkunft finden, können Sie von unserer Seite nur in einer der Hamburger Obdachlosenunterkünfte untergebracht werden.

In diesem Fall wenden Sie sich bitte rechtzeitig an uns.

Hochachtungsvoll

Timmer

Ich wollte mich wieder verabschieden mit einer Überdosis Tabletten.

Es hat wieder nicht geklappt. Endlich Hoffnung. Bescheid vom Fachkrankenhaus Hansenbarg in Hanstedt. Feiern. Was eigentlich feiern? Letzte Hoffnung.

Nur wer die Sehnsucht kennt, weiß, wie ich leide.

Nach der Scheidung meiner Eltern wohnte ich zuerst bei meiner Mutter und ihrem zukünftigen Mann. Es gab ständig Reibereien. Meine Mutter besorgte mir in der Nähe eine Wohnung. Ich bekam wieder Arbeit und hatte neuen Mut.

Da Oma in der Nähe wohnte, besuchte ich sie täglich und kümmerte mich um sie. Meine Oma hatte immer Verständnis für meine Sorgen. Meine Mutter besuchte ich nur, wenn ihr Mann nicht da war. Kurz vor Weihnachten kam Oma ins Krankenhaus, nach einem kurzen Aufbäumen starb sie jämmerlich an Magen- und Darmkrebs. Kurz vor ihrem Tod wollte sie noch einmal ihr Häkelzeug haben. Ich wollte es ihr bringen, aber ich kam zu spät. Ich fühlte mich irgendwie mitschuldig.

Ein Vierteljahr später starb Opa auf der Straße an einem Gehirnschlag, vor der Tür eines Arztes. In drei Monaten zwei Beerdigungen, zwei Urnenbeisetzungen. Ich konnte es kaum verkraften und hatte bei der Beerdigung keine Tränen mehr. Bei der „Träumerei" von Schumann wäre ich bald in Ohnmacht gefallen. In der Zwischenzeit lernte ich Sylvia kennen. Seit Schülerbekanntschaften meine erste große Liebe. Ich hatte nicht viel zu geben, außer meiner Liebe. Es reichte nicht aus.

Nach einem weiteren Reinfall hatte ich bis heute keine intensive Freundschaft mehr. Ich begann mich zu verstellen und setzte an die Stelle von Liebe Geld und Alkohol. Es blieb bis heute so. Hier im Hansenbarg beginnt wieder eine Freundschaft, ich habe Angst und versuche meine Gefühle mit Logik zu unterdrücken. Ich bin Alkoholiker und habe nichts zu bieten. Außer Liebe. Aber die ist heute nicht gefragt. Außerdem habe ich Schwierigkeiten bei der Vorstellung, dass ich bereits 32 Jahre alt bin und habe deswegen noch mehr Hemmungen. Ich komme mir vor, als wäre ich jahrelang nicht dagewesen und beginne meine Gefühle neu zu ordnen. Wie kann ein lustiger Mensch wie ich einsam sein und nirgendwo zu Hause?

In letzter Zeit hatte ich drei kurze Haftstrafen abzusitzen. Ich litt darunter, denn jedes Mal, wenn ich aus dem Dreck raus war, musste ich einsitzen. Da ich in den letzten Jahren mit kurzer Unterbrechung arbeitslos war, konnte ich meine Strafen nicht bezahlen. Ich fühlte mich unschuldig, ich zweifelte an der Gesellschaft, in der wir leben. Da ich ohnehin nichts zu verlieren hatte, - außer meiner Ehre (scheißegal) - wurde ich hemmungsloser gegenüber dem Rechtsstaat. Ich war endlich was, ein Mann mit Knastarfahrung und ein Schläger dazu, denn ich hatte eine Vorstrafe wegen schwerer Körperverletzung. Bei einem Handgemenge traf ich einen Taxifahrer zufällig mit einem Handkantenschlag an der Halsschlagader.

Weil ich in den Akten bekannt war, glaubte man mir nicht, dass es Zufall war. Jetzt kamen endlich die richtigen Kumpels. Unter fachkundiger Anleitung lernte ich, Betrügereien zu begehen, da ich immer chronischen Geldmangel hatte. Es wurde durch Drei geteilt, aber mein Name tauchte vor Gericht immer häufiger auf. Die Kumpels waren Zeugen und ich Angeklagter. Nachdem ich letztes Jahr meine Wohnung durch Mietschulden verloren hatte, ging ich in die Versenkung. Die tägliche Sauferei wurde mir zu viel.

Meine Familie hatte mich aufgegeben. Das war mein Ansatzpunkt. Ich wollte überleben, und wenn ich nackt wieder anfangen musste. In diesem Sumpf, in dem ich nach jahrelangem Auspressen meiner „Kollegen" gelandet war, ging ich unter. Da ich streitsüchtig geworden bin, griff ich meinen bisher größten Feind, den Alkohol, an. Ich zog endlich einen Schlussstrich. Ich kroch durch die Justizgebäude, um einer erneuen Haftstrafe zu entgehen, denn danach hätte ich keine Kraft mehr gehabt.

Mit Hilfe und Geduld des sozialtherapeutischen Dienstes lernte ich Hermann Gebhardt kennen. Seitdem kämpfe ich das erste Mal im Leben einen Kampf, von dem ich hundertprozentig überzeugt bin. Schaffe ich es nicht, werde ich keine 40. Ich bin doch noch so jung.

Nur wer die Sehnsucht kennt, weiß, wie ich leide.

Wer die Vergangenheit nicht kennt, wird die Zukunft nicht in den Griff bekommen

Jetzt, da ich den Brief an Marlies fertig habe, ist mir wohler. Es gibt viele Dinge, die man mit Worten nicht ausdrücken kann, aber nun bringe mal Gefühle auf Papier. Es war an alles gedacht, nun musste die Entscheidung fallen. Dann Dienstag, die Gesprächstherapie, andauernd wurde von Gefühlen gesprochen, ich war kurz vorm Platzen, ich hätte „Scheiße" schreien mögen und hätte am liebsten mit der Faust auf den Tisch geschlagen. Ich weiß nicht, ob ich mich überzeugt hätte, ob da auch keine Nägel drin sind.

Meine Gefühle sind echt, ich spüre es. Jetzt hat sie wohl den Brief gelesen. Jetzt auch noch im Kreis aufstellen und sagen: „Lieber Hermann, kommt gar nicht in Frage". Im Stillen brülle ich so laut wie Tarzan. Ja, jetzt müsste man den Urschrei beherrschen, das wäre das Richtige. Gerade hat der Hans so viel vom Trinken gesprochen. Wenn ich an Marlies denke, habe ich Durst wie ein Karpatenwolf. Da möchte ich jetzt sowieso sein. Endlich, die Gesprächstherapie ist zu Ende. Ich denke an den Brief und gerate in Panik. Da ich schon nicht in die Karpaten kann, dann wenigstens in den Wald.

Mir wird alles klar, es ist genau wie damals bei Sylvia. Ich armes Schwein, ein Säufer, ich bin nichts, ich habe nichts, aber ich kann nichts machen, so sind sie alle, ich wollte doch nur ihr Bestes. Ich Trottel, warum habe ich ihr alles von mir erzählt. Unwillkürlich vergleiche ich mich mit anderen Patienten, die Marlies auch kennt. Hätte ich das bloß nicht getan, mit Chance bin ich Durchschnitt. Es bricht mir fast das Herz, ich kämpfe mit den Tränen, es kommt nichts, typisch, nicht mal das kann ich. Hermann, bleib ruhig. Ich fasse noch einmal zusammen:

1. Sie ist gemein, klar.
2. Sie hasst mich, auch klar.
3. Ich habe Gefühle, sie nicht, auch klar.

Langsam wird mir wohler. Also, was ist zu tun? Zurück will ich nicht. Am besten ist, ich besaufe mich, um ihr dann meine Meinung zu sagen. Bei dem Gedanken wird mir besser.

Ich sehe es schon: sie entschuldigt sich, sie fleht mich an, und ich fliege raus. Das hat sie dann davon. Der Gedanke macht mir Freude. Nur habe ich nicht das Bedürfnis, mich zu betrinken, obwohl ich Geld dabeihabe. Also bleibt nur Selbstmord. Am besten aus ihrem Zimmerfenster springen! Aber dann müsste ich ja wieder ins Haus, also das geht auch nicht.

Da ich keine Jacke dabeihabe, kommt mir die rettende Idee: Erfrieren im Wald. Wie lang mag es wohl dauern? Eigentlich langt für den Anfang auch eine Lungenentzündung. Ich auf der Intensivstation und die Gruppe um mich rum - wieso die Gruppe und keine Verwandten? Ich sehe alle einzeln vor mir und bekomme Schamgefühle. Jeder hat mich auf seine Weise in den letzten Tagen getröstet. Mit jedem von ihnen hätte ich über meine Probleme sprechen können. Ich brauche sie und sie brauchen mich. Erst jetzt merke ich, was für prachtvolle Menschen sich da rausgeschält haben. Der weinende Gert, der lachende Hans, die guten Augen von Klaus, der kluge Roland, die mitfühlende Brigitte. Es war mir nicht bewusst, aber in meiner schlimmsten Zeit standen alle hinter mir. Ich sehe sie vor mir und spüre von jedem den

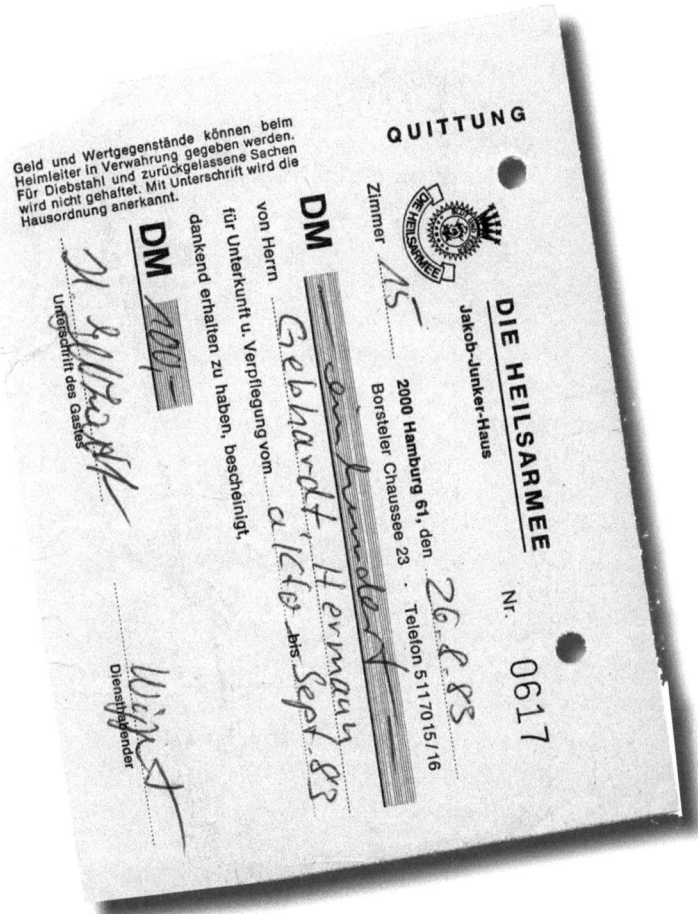

Händedruck. Sieben grundverschiedene Menschen, und alle haben zu verstehen gegeben, dass ich ihnen nicht gleichgültig bin. Mir wird warm ums Herz. Ich sehe die verständnisvollen, schlauen Augen von Frau Warskulat und Frau Lübben, die mir unbedingt Vertrauen einflößt. Also, einsam bin ich nicht, wie viele Leute sind da ärmer dran, da brauchte ich nur bei uns in der Gruppe anfangen.

Als ich mich gerade fürs Aufhängen entschieden hatte, wollte ich mir ein Pappschild umhängen, damit alle wissen, warum ich armes Schwein sterben musste. Nämlich nur wegen Marlies.

Da lief mir die gute Fee, Frau Lübben, über den Weg. So ein Zufall. Gott sei Dank, denn ich hatte gar keinen Strick bei mir. Ich sage ja, ich kann auch gar nichts. Wir setzten uns auf eine Bank und ich erzählte meine Leidensgeschichte. Sie hörte nur zu, sie gab mir keinen Rat, sie tadelte mich nicht, sie nahm mich in den Arm und ich weinte mich aus. Es tat mir gut, erst jetzt merkte ich, dass ich meine Tränen tagelang zurückgehalten hatte. Ich erzählte von damals und von jetzt und von dem Ende der Geschichte. Die gefühllose Marlies und ich armer Schlucker. Sie fragte mich, woher ich denn das Ende kannte. Blöde Frage, es ist doch immer dasselbe.

Mir wurde aber mit einem Mal klar, dass sie Recht hatte, denn ich kannte das Ende ja wirklich nicht. Und nun wurde ich neugierig wie schon lange nicht mehr. Ich wollte nun nach Hause, jedenfalls empfand ich jetzt plötzlich die Fachklinik so. Frau Lübben fuhr nach Hause, und ich begann in meinem Zimmer meine Gedanken zu ordnen. Mir wurde mit einem Mal klar, dass es nicht dasselbe wie damals war. Denn damals war Alkohol im Spiel, diesmal nicht. Wenn ich mit Sylvia Streit gehabt hatte, habe ich mich betrunken und habe sie ausgezählt, geschrien, geweint, gebettelt, bis wir uns wieder vertragen hatten. Alle waren gemein zu mir, nur ich, ich wollte allen was Gutes tun. Jetzt fiel mir auf, dass die Geschichte damals gar nicht zu Ende war, wie viele ähnliche

Situationen. Ich habe mir das Ende nur so hingedreht. Es ist doch möglich, dass es eine normale Erklärung gab, z.B. sie hat in der Fremde einen anderen kennengelernt. Das ist doch normal, da wir uns erst drei Monate kannten. Oder sie wollte meinen Alkoholkonsum nicht hinnehmen und mochte es mir nicht sagen, um mich nicht zu kränken.

Wie also komme ich darauf, dass sie gemein war und mich gehasst hat und ich deswegen getrunken habe. Die Reihenfolge war anders. Ich hatte vorher schon getrunken. Ich konnte und wollte die Wahrheit gar nicht wissen.

Verdammt noch mal, das ist die Wahrheit, der Rest ist erfunden und solange erzählt worden, bis ich es selbst glaubte. Alle, für die ich einen ausgegeben hatte, gaben mir Recht. Dass Sylvia gemein war, war meine fixe Idee. Geholfen hat es nicht, wie man sieht. Jetzt fielen mir ähnliche Situationen ein: Ich habe das Ende nie abgewartet, sondern es immer verborgen. Dann hatte ich Erklärungen für mein Trinkverhalten und Mitleid obendrein. Es ist doch nicht möglich, aber in meinem letzten Lebenslauf steht es wieder so ähnlich: Sylvia hat die Schuld - nicht ich armes Schwein. Ich war bis Dienstag davon überzeugt, ich hätte gewettet, mich sogar geprügelt, wenn einer was Anderes gesagt hätte. Obendrein, wie erwähnt, hatte ich genug Zeugen. Zeugen wozu? Sylvia war meine private Sache, wozu Zeugen. Also dachte ich, der Anfang war derselbe, meine Reaktion war dieselbe, nur das Ende war erdichtet.

Jetzt erscheint mir auch Marlies im anderen Licht. Viel klarer, denn ich habe zum ersten Mal seit langem den Durchblick. Seit langem. Marlies braucht gar nicht gemein sein und mich hassen, es könnte sein, muss aber nicht. Wieso zählen nur meine Gefühle, und ihre nicht? Jetzt weiß ich, dass jeder Gefühle hat, also auch Marlies. Nun weiß ich auch, dass ich keine Sekunde ausgelassen habe, um über meine Gefühle zu sprechen. Ein Wunder, dass sie überhaupt noch Zeit zum Essen hatte. Aber sie hatte gesagt, dass sie mich gern hat.

Das ist doch ein echtes Gefühl. Wieso habe ich ihr das abgesprochen?

Sie hat den Brief gelesen. Sie ist freundlich, und am Mittwoch haben wir uns das erste Mal vernünftig unterhalten. Dabei wurde mir bewusst, dass ich eins übersehen hatte.

Ich hatte verlernt zu verstehen, dass mich jemand so mag, wie ich bin.

Ehrlich, ohne etwas dafür zu nehmen. Also ist die Geschichte noch nicht zu Ende. Als wir feststellten, dass wir uns beide mögen, hatten wir endlich ein Fundament für unsere Freundschaft. Das Ende der Geschichte bringt die Zukunft, und diesmal sind wir beide daran beteiligt.

Bis gestern habe ich überlegt, was ich als Ersatz für Alkohol brauche; Selters, Kakao, Kaffee? Quatsch! Menschen wie ihr es seid, wie die Therapeuten es sind, wie Marlies es ist! Ihr seid mein Alkohol, den ich in Zukunft trinken möchte. Nun urteilt selbst, bin ich ein armes Schwein? So reich wurde ich lange nicht mehr beschenkt. Durch Euch bin ich erst zum Menschen geworden. Solche Menschen wie Euch muss ich in meiner Nähe spüren, dann bin ich zuversichtlich und stark. Dieses Gefühl, dass Ihr da seid, wenn ich Euch brauche, hat mich zum reichsten Mann gemacht. Ich, der Säufer, möchte noch viel leben. Aber dazu brauche ich Euch und solche Menschen, wie Ihr es seid. Wenn ich das Gefühl habe, mich betrinken zu müssen, brauche ich in Wirklichkeit keinen Alkohol, sondern einen Menschen, der mir zuhört. Diese Einsicht verdanke ich der guten Fee aus dem Wald.

```
FACHKRANKENHAUS HANSENBARG                    FRANZ BARCA WEG
                                              2116 HAMSTEDT
                                              Tel.
Versicherungsnummer                           Datum
19  090351   G  018                           21.05.1984
Abt. 3J24
                                              (4 01)




    Herrn
    HERMANN GEBHARDT
    BORSTELER CHAUSSEE 23

    2000 HAMBURG 61
```

- E n t l a s s u n g s m i t t e i l u n g -

(Sofern der/die Betreute in einem Beschäftigungsverhältnis steht,
ist die Entlassungsmitteilung dem Arbeitgeber vorzulegen.)

Aufnahmetag   2 2 , 1 1 , 8 3

Entlassungstag   2 1   0 5   8 4

Ergebnis der Heilbehandlung
(Zutreffendes bitte ausfüllen oder ankreuzen)

Sofort arbeitsfähig   [X]

Schonungszeit bis einschließlich   [ ]   . . / . . / . .

Arbeitsunfähig   [ ]

Fachkrankenhaus Hansenbarg
– Alida Schmidt-Stiftung –
2116 HANSTEDT/Nordheide
Telefon 04184/248

(Stempel der Behandlungsstätte, Unterschrift)

Ohne dein Einverständnis kann dich niemand dazu bringen, dir minderwertig vorzukommen.

Die Erfahrungen sind die Samenkörner, aus denen die Klugheit emporwächst.

Wer die Vergangenheit nicht kennt, wird die Zukunft nicht in den Griff bekommen.

Ein Pfund Mut ist mehr wert als eine Tonne Glück.

Lieber bewusst ohne Alkohol leben, als ein Leben lang tot.

Wenn Gott ein Fenster schließt, öffnet sich dafür eine Tür. Alles wird gut.

Freitag, 27. April 1984, nachts

Seit Dienstag habe ich den Eindruck, ich bin am Ende meiner Therapie. Ich habe meine Grenzen erkannt. Ich wollte eigentlich sagen, Leute lasst die Flaschen stehen, ich weiß, wovon ich spreche, denn ich habe 16 Jahre nicht gelebt. Ich bin traurig, weil ich die Jahre nicht wiederholen kann. Selbst wenn ihr mir versprecht, nie wieder zu trinken, hilft es mir nicht weiter, da ich es mir selbst nicht versprechen kann. Ich musste einsehen, dass ich nicht helfen kann. Um Euch zu helfen, würde ich die 16 Jahre noch einmal durchstehen, aber wem würde es nützen? Ich bin zu dem Schluss gekommen, dass ich zur Zeit für mich nichts mehr tun kann, alles was für mich möglich war, habe ich getan.

Seit Tagen frage ich mich, ob ich nichts vergessen habe. Heute habe ich begriffen, dass ich die Frage offenlassen muss. Vielleicht kann ich sie nach Jahren beantworten, aber ich glaube, sie bleibt offen. Ihr alle werdet mir fehlen, denn draußen habe ich leider keinen, der mir zuhört, wenn ich nichts zu sagen habe. Ich hasse den Alkohol, er hat mir alles genommen, was mir lieb war, sogar die Worte. Aber ich kenne viele, die mit mir tauschen würden. Ich fühle mich jetzt stärker als die Leute, die mir die Therapie schwergemacht haben. Ich, der ehemals Hoffnungslose, stecke voller Hoffnungen. Das 8. Weltwunder bin ich. Trotz Schulden,

Arbeitslosigkeit, Einsamkeit bin ich ein zufriedener Mensch geworden. Das verdanke ich zum großen Teil Euch, den trockenen Alkoholikern. Wenn ich morgen aufhören will zu trinken, muss ich heute anfangen.

In meinem nächsten Bericht nach Moskau werde ich Euch lobend erwähnen.

Lasst es nicht zu, dass man Euch therapiert. Therapiert Euch selbst als gleichberechtigte Therapeuten.

Jetzt, da ich nicht mehr zwischen Euch sitze, sehe ich, wie viele wir sind. Es ist schwierig, hier einsam zu sein, aber auch das habe ich überwunden.

Am 22.11.1983 wurde ich endlich durch viele Flaschen zum Hansenbarg gespült. Ich war lange auf der Suche nach einem Zuhause und etwas Unbeschreiblichem. Hier musste ich es finden, hier musste endlich meine Suche enden. Ich spürte, dass ich nicht mehr viel Kraft hatte. Es war etwas sehr Wertvolles, wie ich jetzt weiß. Ich habe mich selbst gesucht. Hermann der Säufer, Schläger, Kriminelle sucht Hermann den klugen, beliebten, freundlichen, jungen Mann.

Oft wollte ich die Suche aufgeben, aber die Mühe hat sich gelohnt. Hier stehe ich aufrecht ohne Krücken und bedanke mich bei dieser therapeutischen Einrichtung und ihren menschlichen Therapeuten. Ich bedanke mich herzlich bei der Aufnahmegruppe, ohne die ich nie Tutor geworden wäre. Mir wurde vertraut, ich kannte das kaum noch.

Ich habe Achtung vor jedem, der hier eine Therapie macht. So lange ich trocken bleibe, werde ich dieses halbe Jahr mit allen guten und schlechten Erfahrungen gerne in Erinnerung behalten. Ich hoffe, dass ich nie wieder trinken muss und meine Erinnerungen ehrlich weitergeben kann. Seltsam, meine Krankheit verlief wie eine Krankheit. Ich hatte nämlich eine Krise.

Wäre das Tor zum Hansenbarg geschlossen gewesen, wäre ich abgehauen, aber es stand offen und ich bin geblieben. Ich wünsche jedem seine Krise, denn sie ist zugleich auch eine Wende. Ich sagte mir, ich gehe überall hin, Hauptsache, es geht bergauf. Deswegen musste ich bleiben. Meine Gruppe war stärker als alle Biere und Körner zusammen auf der Welt.

Stroh- oder Korn-Blumen

Im November 1983 bekam ich endlich in Hanstedt einen Therapieplatz. Einige Wochen vorher hatte ich versucht, mich durch reichlich Alkohol und diverse Schlaftabletten vor der Therapie zu drücken.

Unsere Gruppe bestand aus drei Frauen und zehn Männern. Im Verlauf der Zeit schrumpften wir auf sechs Männer und eine Frau zusammen, ein weiteres Gruppenmitglied wurde allein therapiert.

Ich lernte den Alkohol hassen und kämpfte verbissen um meine Trockenheit, die ich anfangs nur meiner Mutter zuliebe wollte. Durch meine Verbissenheit wurde ich vielleicht das erste Mal zum Streber, aber ich bin trocken. Inzwischen hatten wir zweimal Nachsorgetreffen. Unsere Gruppe ist noch kleiner geworden. Am letzten Sonntag war ich bei Klaus zum Geburtstag.

Außer mir war nur noch Uwe da. Wir drei sind die letzten unserer Gruppe, die noch zusammenkommen. Alle drei haben wir etwas gemeinsam. Am Tag unserer Entlassung hatte Frau Lübben einen Strauß Strohblumen als Abschiedsgeschenk für jeden aus der Gruppe. Aber die einzigen, die zum Abschied kamen, waren wir drei, denn wir fuhren erst gegen Mittag nach Hause. Die anderen hatten es sehr eilig und verschwanden sehr früh.

Wer weiß, vielleicht wartete schon bei jemandem die Flasche?

So ergab es sich, dass nur wir drei zum Abschied kamen. Unter Tränen beiderseits (vielleicht war es Enttäuschung darüber, dass die anderen schon weg waren?) bekamen wir also einen doppelten Strauß Trockenblumen. Sie sind empfindlich und können nur trocken überleben. Bei mir stehen sie in einer Vase, die ich in Hanstedt angefertigt habe. Die Vase und ich sind aus demselben Ton, dem man nach langer sorgfältiger Vorarbeit schon mal einen Stoß versetzen kann. Da man mir in Hanstedt auch Fehler zubilligte, geht mein Lernprozess weiter. Ich bin endlich in der Lage, meine Fehler zu erkennen und daraus Konsequenzen zu ziehen.

Vielleicht werde ich belächelt, weil ich in Sachen Alkohol keine Zugeständnisse mache, aber ich bin trocken! Ich habe einige Stürme hinter mir, aber mein Lebensschiff bewegt sich vorwärts. Der Steuermann Alkohol kriegt bei mir keinen Job mehr, denn ich führe selbst das Ruder.

War es Zufall, dass ausgerechnet die drei übrig blieben, die Blumen kriegten? - Es gibt keinen Zufall.

Hamburg, den 8.7.1984

Liebe Marlies,

seit dem Ende meiner Therapie in Hanstedt bin ich mit mir am Kämpfen, ob ich Dir mal schreiben oder Dich mal anrufen soll. Aber bis heute fehlte mir der Mut. Ich habe versucht, das Thema abzuhaken, aber es ließ mir keine Ruhe. Wenn ich es auch am Tage durch ehrenamtliche Tätigkeit im Gemeindezentrum Osdorfer Born (Suchberatung, Kindergarten) verdrängen konnte, so ist es am Wochenende umso schlimmer über mich gekommen. Was ich auch beginne,

Du gehst mir nicht aus dem Kopf.

Nachts beschäftigt sich mein Unterbewusstsein mit Dir. Spaziergänge an der Elbe usw. Ich bin zu Deiner Vollversammlung nach Hanstedt gekommen, um noch einmal mit Dir zu sprechen, aber dann packte mich die kalte Angst. Da wir mal befreundet waren, bin ich zu der Überzeugung gekommen, so sollte man nicht auseinandergehen, denn es ist zu viel offengeblieben.

Mit Alkohol hatte ich noch keine Probleme, aber ich leide sehr unter Einsamkeit, die ich mir schwer eingestehen kann.

Da ich Deine Anschrift nur aus dem Telefonbuch habe und nicht von Dir, mache ich mir keine große Hoffnung, von Dir noch etwas zu hören. Solltest Du nicht zurückschreiben oder mich einmal anrufen, weiß ich, Du wünscht keinen Kontakt mehr. Abschied ist ein bisschen wie sterben. Die paar Tage in Hanstedt mit Dir waren die schönsten seit der Zeit mit Sylvia. Da es mit Sylvia auch keinen Abschied gab, fürchte ich, dass es bei Dir genauso sein wird. Deswegen bitte ich Dich, wenn Du etwas Zeit hast, schreibe mir zum Schluss ein paar Zeilen. Ich finde es ehrlicher und kann es besser verkraften.

Sollte ich nichts mehr von Dir hören, werde ich Dich nicht weiter belästigen. Was bist du für eine Frau, dass ich mich nach Dir sehne und gleichzeitig Angst vor Dir habe.

Dein Bild trage ich noch immer im Herzen.

Danke für alles.

Wuschel und Hermann

LESERBRIEFE

an „Morgenpost" und „TV Hören und Sehen"

Mein Name ist Hermann Gebhardt, ich wurde am 9.8.1951 in Hamburg geboren.

Ich bin ein aufmerksamer Leser und Abonnent Ihrer Zeitschrift. Am meisten interessieren mich die Leserbriefe. In letzter Zeit kamen immer mehr Leserbriefe zum Thema Angehörige von Alkoholikern, was für mich von großem Interesse ist, da ich selbst Alkoholiker bin. Allerdings seit einem Jahr trocken. Nach jahrelanger Alkoholabhängigkeit habe ich endlich meinen Weg zur Trockenheit gefunden, was nicht einfach war. Von anfangs 13 Patienten aus unserer Gruppe sind noch drei übrig, die sich regelmäßig treffen. Ich bin froh, dass ich dazugehöre.

Vor der Therapie schwand meine Angst vor einem Selbstmord. Ein Versuch mit einer Überdosis Tabletten schlug fehl. Ich wohnte vor der Therapie in einer „Pension" in St. Georg. Die nächste Adresse wäre Friedhof oder Wallanlagen gewesen.

Seit Mai 1984 ist meine Langzeittherapie beendet, mein damaliger Optimismus ist auf dem Nullpunkt angelangt. Trotz einiger ehrenamtlicher Tätigkeiten leide ich sehr unter der Einsamkeit, die ich mir schwer eingestehen kann. Ich habe keine Frau und keine Kinder, die unter meinem Alkoholkonsum zu leiden hatten. Jetzt sehne ich mich nach einer Familie. Meine anderen Verwandten zogen sich von mir zurück. Jetzt weiß ich, ich war jahrelang tot – dass ich aufgestanden bin und geatmet habe, waren nur Reflexe, ähnlich wie im Koma. Mein größtes Problem ist die Arbeitslosigkeit. Ich bin von Beruf Quartiersmann (Ladungskontrolle im Hafen) und habe den Führerschein Kl. 3. Ich bin wieder kerngesund und habe schon ca. 30 Absagen von Firmen hinter mir. Ich bin beim Arbeitsamt als Kraftfahrer gemeldet.

Nach der erfolgreichen Therapie machte mir der Arbeitsberater sehr viel Mut. Inzwischen habe ich den dritten Arbeitsberater und der sagte mir, es ist zurzeit aussichtslos. Mir wurde auch keine Umschulung angeboten, ich wurde schlicht vertröstet. Muss ich denn aus der DDR oder aus dem Gefängnis kommen, um eine gezielte Arbeitsberatung zu erhalten? Kommt bei dieser Vorstellung die Frage auf die letzten zwei Jahre vor meiner Arbeitslosigkeit, bin ich am Ende.

Könnte so etwas nicht das Arbeitsamt übernehmen? So komme ich nie über meine Minderwertigkeitsgefühle weg. Ich bekomme 138,-- DM Arbeitslosenhilfe. Davon bemühe ich mich, die in den Jahren auf ca. 15.000,-- DM angewachsenen Schulden zu bezahlen.

Als ich noch getrunken hatte, störten mich die Schulden nicht. Jetzt stelle ich mich und werde erdrückt. Es muss doch irgendeine Arbeit für mich geben, denn von ehrenamtlicher Tätigkeit kann ich meine Schulden nicht bezahlen. Wer gibt mir eine Chance? Muss ich denn erst auf ein Dach klettern?

Rückmeldung oder: Ich bin immer noch trocken

Jetzt, da ich genug Abstand vom Hansenbarg habe, möchte ich mal wieder von mir hören lassen. Ich wurde im 1984 vom Hansenbarg trocken entlassen. Heute, da ich wieder in der Realität lebe, kann ich erst beurteilen, wie wichtig die Therapie für mich war. Alles, was ich dort theoretisch gelernt habe, versuche ich zaghaft in die Praxis umzusetzen.

Nachdem ich in der Therapie - gewollt oder ungewollt - meine Schwächen aufgedeckt hatte, wurden, ohne dass ich es merkte, die Leerräume mit Stärkemittel beschichtet. Ich stellte fest, dass es oft genauso schwer ist, ohne Alkohol zu leben, wie mit ihm zu sterben. Zwei Worte haben für mich eine große Bedeutung gewonnen: Leben und Sterben!

Ich hatte vor der Therapie, während der Entgiftung, schon einmal mit den Anonymen Alkoholikern (AA) zu tun. Damals war ich ca. 6 Tage trocken. Ich ging hin, als wollte ich eine Versammlung meiner politischen Gegner stören! Ich hatte eine negative Stimmung und wollte den Spinnern eins auf die Mütze geben. Total entkräftet und halb verhungert kam ich zum AA-Treffen im Hospital. Ich begriff gar nicht, wovon zwei Stunden lang die Rede war. Ich war aggressiv und machte mich über die Idioten lustig. Die hatten überhaupt nichts mit mir gemeinsam.

Jetzt bin ich selber einer von diesen „Spinnern", und ich weiß, dass es an mir und nicht an den AA's lag! Weil sie mir in den zwei Stunden nicht das sagten, was ich hören wollte, nämlich, dass ich kein Alkoholiker sei. Ich habe nur getrunken, weil Sylvia mich verlassen hatte. Und weil ich arbeitslos war, steigerte sich die Wut.

Dann kam mein Auftritt, der Gelassenheitsspruch: „Gott gebe mir die Kraft". Ich verweigerte den Spruch und sagte dem Leiter des Meetings: „Es ist doch einfach Hohn! Erst lässt Gott mich saufen, und dann soll er mir helfen, trocken zu werden."

Da ich offenbar in allen Selbsthilfegruppen beten sollte, besuchte ich keine mehr und soff drei Wochen nach der Entgiftung wieder!

Jetzt ist es mir scheißegal, wer mir die Kraft zur Trockenheit gibt, ob es Buddha, Manitu, Frau Müller oder Bürgermeister ist. Wenn es Gott ist, bedanke ich mich, dass er sich mich ausgesucht hat, denn ohne seine Hilfe bin ich schwach und würde wieder saufen. Ich glaube, man wird im Leben nur einmal trocken, und dazu verhalf mir die Therapie. Aber trocken geblieben bin ich durch die große Zahl der AA-Gruppen, die ich außer meiner Stammgruppe besuchte, und wo ich mich nie fremd fühlte.

Nach der Therapie fing ich mit nichts an, außer mit 600,-- DM Arbeitslosengeld und 30.000,-- DM Schulden, wobei ich mit 4 Inkassodiensten zu tun hatte. Je stärker sie mich in die Enge trieben, umso stärker wurde ich. In der Therapie hatte ich irgendwie gelernt, mich zu wehren - ich weiß nicht wie, ich weiß nicht wann.

Jetzt wurde ich zusehends stärker. Da ich beweisen wollte, dass meine Therapeuten unrecht hatten, zog ich trotz Warnungen bei meinem Vater ein. Damals dachte ich noch, nachdem ich alles verloren hatte, wollte man mir auch noch den Vater nehmen. Jetzt weiß ich, dass ich nichts mehr hatte, das man mir hätte nehmen können!

Trotzdem, ich hatte immer jemand, der mir die Kraft gab, meinen Weg weiterzugehen. Er ist steinig und mir tun oft die Füße weh. Aber mein Gepäck wird kleiner und ich gehe nicht mehr alleine. Einst wanderte ich im finsteren Tal. Nach einem Beinahe-Rückfall, vor dem mich nur meine AA-Gruppe bewahrte, fand ich im September 1984 eine eigene Wohnung. Die ersten vier Wochen waren grausam. Ich dachte sehr oft an jemanden, der mir während der Therapie sehr nahe stand und es sammelte sich in mir immer mehr Bitterkeit. Ich rang mit dem Teufel. Jetzt wusste ich erst, wie sehr ich mir eine Familie wünschte!

Manchmal erinnere ich mich an die Zeit im Gefängnis: kein Besuch, keiner ruft an, keiner schreibt mir. Nur wer die Sehnsucht kennt, weiß, wie sehr ich leide.

Als die Einsamkeit für mich bedrohlich wurde, gelang es, auszubrechen. Ich besuchte Krankenhausgruppen und „entdeckte" mich als Suchtkrankenhelfer oder Therapeut! Ich, der vor zwei Jahren noch im Freien oder in Treppenhäusern übernachtet hatte. Es ist kaum zu glauben.

Nach einem Jahr Trockenheit, auf den Tag genau, bekam ich wieder Arbeit. Dies aber nur, weil ich mich zu meiner Alkoholkrankheit bekannt habe. Da ich sehr viel getrunken habe, gebe ich nun mein Leergut ab. Bezahle davon meine Schulden. Wäre ich kein Alkoholiker geworden, ich glaube nicht, dass ich so stark geworden wäre. Ich habe viele neue Kollegen kennengelernt und es gibt viele, die mir eine trockene Zukunft wünschen. Es ist für mich eine Verpflichtung und eine Herausforderung zugleich. Man denke an den Kampf zwischen David und Goliath. Man muss den Gegner Alkohol genau kennen, damit man ihm rechtzeitig entgegentreten kann. Alles, was ich mal bei den AA's gehört habe, setzt sich bei mir in die Realität um. Ich hörte z.B., dass es nach längerer Trockenheit immer noch Suchtanfälle geben soll. Als das bei mir passierte, war ich nicht überrascht, denn ich war ja gewarnt!

Für die Zukunft hatte ich zwei Wünsche. Der eine, nach einer Partnerin, ist gerade in Erfüllung gegangen. Mein zweiter Wunsch ist, Suchtkrankenhelfer zu werden. Man hat mir alles nehmen können, nur nicht die Liebe zum Menschen - besonders zum Menschen, der sich von der Sucht befreien will!

„Gott gebe mir die Gelassenheit, Dinge hinzunehmen, die ich nicht ändern kann, den Mut, Dinge zu ändern, die ich ändern kann und die Weisheit, das eine vom anderen zu unterscheiden"

(Friedrich Christoph Oettinger)

Der Stand der Dinge

Als ich den letzten Abschnitt schrieb, wusste ich noch nicht, dass ich verliebt war, denn dieses Gefühl kannte ich gar nicht mehr. Es ist jetzt über drei Monate her, dass ich mich zum ersten Mal mit Doris traf.

Pfingsten, die Sonne scheint und ich sitze alleine zu Hause und schreibe. Doris ist verreist und kommt Dienstag wieder. In diesem Moment kämpfe ich mit den Tränen, was in letzter Zeit öfter geschieht. Es kommt nicht von der Leber, sondern von der kranken Seele. Es ist das erste Mal, dass ich nicht verlassen wurde, denn sie kommt morgen wieder und ich möchte sie nie wieder loslassen.

Da ich in meiner Einsamkeit immer die Gefahr eines Rückfalles sah, gelang es mir Ende Januar, nach mehreren Versuchen, Doris anzusprechen. Ich fragte sie, ob sie mit mir mal einen Kaffee trinken würde. Sie antwortete, dass sie keinen Kaffee trinkt - ich wurde rot und mir blieb fast das Herz stehen -, aber treffen könnten wir uns ja trotzdem. So landeten wir am 1. Februar in einer Gaststätte. Seltsam, wenn ich mich früher mit jemandem traf, war ich Supermann. Als ich mich bei meiner Firma bewarb, erzählte ich nur Negatives von mir. Ich hätte gesoffen, geprügelt, betrogen, aber es läge hinter mir. Ich will eine Chance, ich habe gelernt, ich bin trocken. So warb ich um Doris. Endlich habe ich jemanden gefunden, mit dem ich meine Freizeit verbringen kann. Als mir bewusst wurde, dass sie ja eine Frau ist, bekam ich Angst.

Als wir das erste Mal bei ihr alleine in der Wohnung waren, setzte ich mich gleich in eine Ecke, wo ich mich wehren konnte. Wehren wogegen? Ich hatte Angst: Muss ich sie küssen? Nein, sie stößt mich dann zurück. Ich möchte nur ihre Hand halten, aber sie zieht die Hand bestimmt weg. Ich merke, wie ich ununterbrochen rede, bis morgens um 5.00 Uhr. Dann nehme ich erleichtert und müde den ersten Bus. Jetzt bin ich jedes Wochenende bei ihr, halte ihre Hand, streichle und küsse Doris. Ich genieße es, wenn ich mich bei ihr anlehnen darf und sie mir übers Haar streichelt. Ich habe ein herzliches offenes Verhältnis zu ihren Eltern, die sehr verständnisvoll sind. Von so einer Familie habe ich immer geträumt.

Die Mutter sagt noch „Sie" zu mir, aber sie gibt mir das Gefühl von Wärme und Geborgenheit, dass nur eine Mutter geben kann, die ein großes Herz hat.

Wenn ich an Doris denke, kribbelt es bei mir im Bauch und mich überkommt eine angenehme Wärme. Langsam bekomme ich Abstand von meiner schrecklichen Vergangenheit. Gäbe es nur mehr Menschen ohne Vorurteile.

Seit ich Doris kenne, ist das Leben so anders, so schön, dass ich weinen könnte. Ich fühle mich wieder menschlich. Ich fühle mich so selbstbewusst und brauchbar wie nie zuvor. Ich fühle mich liebenswert und fähig, zu lieben. Ich fühle, dass ich zu der Person heranwachse, die ich immer sein wollte, und von der ich im Herzen wusste, dass ich es war. Immer war ich Hermann, doch jetzt bin ich besonders gerne Hermann. Ich habe früher meine Gefühle und meine Liebe in die Flasche gesteckt, es hat mich fast das Leben gekostet. Jetzt, mit fas 34 Jahren, erlebe ich meine erste Liebe. Es ist so schön, dass es kein Film und Roman je beschreiben könnte. Es ist schön, dass es Leute gibt, die eine Sucht bekämpfen, es ist schön, dass es trockene Alkoholiker gibt. Das erste Mal in meinem Leben bin ich stolz und leiste meinen bescheidenen Beitrag dazu. Auf die Frage, wie ich Suchtkrankenhelfer werden kann, kam keine Antwort. Schade.

Angekommen

Als ich vor fast zwei Jahren in das Fachkrankenhaus Hansenbarg kam, passten meine persönlichen Sachen in eine Plastiktüte. Nicht einmal das Zeug, das ich am Leibe trug, gehörte mir. Ich selbst war so klein, dass ich in einen Flachmann gepasst hätte. Man konnte mich jahrelang in die Tasche stecken. Der Korken saß so fest, dass meine Therapeuten die

DEUTSCHER BUNDESTAG
Petitionsausschuß
Pet 4-10-16-8120-21672

5300 BONN 1
Bundeshaus
Fernruf 16- 5737

- 5. DEZ. 1984

Die Wahl dieser Rufnummer vermittelt den
gewünschten Hausanschluß.
Kommt ein Anschluß nicht zustande, bitte
Nr. 161 (Bundeshaus-Vermittlung) anrufen.

(Bitte bei allen Zuschriften angeben)

Herrn
Hermann Gebhardt
Am Landpflegeheim 18

2000 Hamburg 53

Betr.: Arbeitsvermittlung

Bezug: Ihr Schreiben vom 7. November 1984 an die Bürgerschaft der
Freien und Hansestadt Hamburg, hier eingegangen am
20. November 1984

Sehr geehrter Herr Gebhardt!

Ich bestätige den Eingang Ihrer Eingabe, die dem Petitionsausschuß
vorliegt. Zunächst möchte ich darauf hinweisen, daß die Aufgaben
der Arbeitsvermittlung aufgrund gesetzlicher Vorschriften allein
den zuständigen Dienststellen der Bundesanstalt für Arbeit bzw.
Arbeitsämtern obliegen. Insoweit kann Ihnen auch nur die Arbeits-
verwaltung behilflich sein.

Ich habe jedoch den Bundesminister für Arbeit und Sozialordnung
um Prüfung gebeten, ob in Ihrem Fall alle Möglichkeiten der
Arbeitsvermittlung ausgeschöpft worden sind. Diese Prüfung wird
einige Zeit in Anspruch nehmen. Sobald mir das Ergebnis vorliegt,
erhalten Sie unaufgefordert weitere Nachricht.

Mit freundlichen Grüßen

Im Auftrag

(Möbus)

Flasche einschlagen mussten, um an mich heranzukommen. Die Scherben schnitten tief in meine Seele. Aber jetzt, nach zwei Jahren,

sind die Wunden fast verheilt. Brechen sie noch manchmal auf, so habe ich meine Selbsthilfegruppe, ohne die ich längst wieder saufen würde.

In all den Jahren, in denen ich gesoffen habe, war ich auf der Suche nach irgendetwas, einer Wahrheit, einem Zuhause, vielleicht suchte ich auch mich selbst. Hermann stand vor dem Flachmann und suchte Hermann in dem Flachmann. Das Ende all meiner schönen wirren Träume, all meiner Angst, schien der Hansenbarg zu sein. Ich hatte das Gefühl, angekommen zu sein. Nachdem ich meine Angst und mein Misstrauen abgelegt hatte, spürte ich plötzlich: Hier habe ich Geschwister, die immer da sind. Ich habe geregelte Mahlzeiten und Arbeit. Ich brauche mich nicht mehr zu verstecken. Im Laufe der Zeit hatte ich sogar eine Freundin und eine Mutter (Frau Lübben). Weihnachten gab es einen bunten Teller und einen Tannenbaum. Wann hat es so etwas zuletzt gegeben? Wenn es mir früher dreckig ging, waren meine Angehörigen weit weg, ging es mir besser, waren sie wieder da. Zwei Selbstmordversuche blieben unbemerkt.

Das letzte Mal, dass ich mich geborgen fühlte, war im Knast. Ich hätte nie geglaubt, dass ich bei dem Anblick eines Weihnachtsbaumes weinen könnte. Jetzt hole ich teilweise meine Kindheit nach, die in Vergessenheit geraten war. Am Ende der Therapie stellte ich fest, dass ich noch nicht angekommen war. Als ich entlassen wurde, war ich arbeitslos, bekam 600,00 DM Arbeitslosenhilfe und hatte 30.000,00 DM Schulden. Das einzige, was ich dem entgegensetzten konnte, waren meine Trockenheit und mein wiedererlangtes Selbstvertrauen. Gerichtsvollzieher verfolgten mich bis Hanstedt.

Als ich bei meinem Vater in mein altes Zimmer zog, meinte ich, nun sei ich angekommen. Vor etlichen Jahren zog ich von diesem Zimmer los, um zu suchen. Meine Eltern hatten ewig Streit und ich begann irgendwann zu trinken. War ich damals zu Hause, lebte ich nur in meinem Zimmer. Ich verließ es nur, um auf die Toilette zu gehen. Da ich eine alkoholfreie Zone wollte, merkte ich sehr früh, dass ein Zusammenleben mit meinem Vater nicht möglich war. Nachdem ich mich mit den Behörden angelegt hatte, bekam ich eine Wohnung.

Vor meiner Therapie wurde ich wegen Mietschulden aus drei Wohnungen geklagt und schlief in Treppenhäusern und im Obdachlosenasyl. Jetzt bin ich angekommen, dachte ich. Über den Petitionsausschuss im Bundestag legte ich mich mit dem Arbeitsamt an. Als es zu einer Aussprache kommen sollte, hatte ich selbst eine Arbeitsstelle gefunden. Ich fing als Hilfsarbeiter an und begann, meine Schulden abzustottern, die weiter wuchsen, weil ich 65% Zinsen zahlen musste.

Ich spürte, dass ich noch nicht angekommen war, denn ich war sehr einsam und weinte nachts häufig. Da ich bei einem Zeitarbeitsunternehmen tätig war, kam ich zu vielen Firmen, und mit der Zeit galt ich überall als zuverlässig.

Bei einer Firma lernte ich Doris kennen. Jetzt wusste ich, was mir fehlte. Sie hatte keine Vorurteile und ich erzählte ihr meine Geschichte. Irgendwann kam die Liebe. Am Wochenende schlief ich bei Doris und lernte ihre Eltern kennen, zu denen ich ein herzliches Verhältnis habe. In so einer Umgebung wollte ich zu Hause sein, davon hatte ich immer geträumt. Menschen, die mich lieben und mit denen ich reden kann, wenn es Probleme gibt.

Inzwischen wohne ich mit Doris zusammen, wir haben eine hübsche Wohnung. Ich habe das Gefühl, ich habe wieder Eltern, auch wenn sie einen anderen Namen tragen - und ich habe sogar wieder einen Opa.

Aufgrund meiner Zuverlässigkeit habe ich seit dem 1.10.1985 eine feste Stelle bei einer Ölraffinerie.

Durch zwei Kredite von meinen Brüdern konnte ich die Kredithaie ausbezahlen. In vier Jahren bin ich schuldenfrei.

Weihnachten feiere ich mit meiner neuen Familie. Wir waren sogar zusammen im Urlaub. Am 1. Advent haben wir einen Adventskranz und Weihnachten einen geschmückten Tannenbaum.

Heute habe ich mir vorgenommen, trocken zu bleiben. Morgen nehme ich mir wieder vor, trocken zu bleiben. Denn jeder Tag ist heute. So sind zwei Jahre zusammengekommen. Was mir mein Vater an Liebe geben konnte, war für mich zu wenig, was ich ihm an Liebe geben konnte, war für meinen Vater zu viel.

Ich bin „trocken"! Ich bin angekommen! Angefangen hat alles in Hanstedt. Es war einmal ...

Und er gab mir die Kraft

Als sogenannter „Heide" habe ich ein sehr gutes Verhältnis zu meiner höheren Macht. Weil ich mir täglich von oben Kraft hole, ist es mir möglich, bis heute trocken zu sein.

Als ich aus Hanstedt entlassen wurde, hatte ich eigentlich mehr Gründe zum Trinken als vor der Therapie. Ich dachte mir: Du hast keine Chance - aber nutze sie. Bei der entmutigenden Suche nach Arbeit stellte ich fest, dass Vorurteile wie unsichtbare Handschellen sind.

Inzwischen leiste ich aktive Suchtkrankenhilfe. Es ist ein Wunder. Vor etwa drei Jahren, bei meinem ersten angstvollen Besuch beim Sozialtherapeutischen Dienst, sagte ich nach meinem ersten Gespräch, dass ich später Suchtkrankenhelfer werden wollte. Jetzt bin ich Vollprofi, denn vom Saufen verstehe ich ja etwas.

Die Krönung meiner trockenen Laufbahn erlebte ich vor einiger Zeit, als ich mit meiner Freundin Doris in Innsbruck war, beim deutschsprachigen AA-Treffen. Der erste, den ich dort traf, war ein AA-Freund aus Österreich, den ich aus Hamburg kannte. Auf dem Weg nach Moskau hatte er hier Aufenthalt und besuchte meine Sonnabendgruppe in Hamburg. Gottfried, der AA-Freund aus Österreich, hat einen großen Teil seines Lebens in psychiatrischen Anstalten verbracht, als unheilbarer Alkoholiker, bis er AA kennen- und lieben lernte. Demnächst will er in den Kaukasus und in die Mongolei. Zwischendurch macht er wieder in Hamburg Station und besucht meine Gruppe.

Im letzten halben Jahr habe ich für mich wichtige Dinge in Angriff genommen. Seit über zwanzig Jahren habe ich das erste Mal meine Zähne in Ordnung gebracht. Ich brauchte dafür sechs Monate

Seit Dezember '85 war ich zweimal pro Woche beim Zahnarzt und brauchte nur einen Tag auf der Arbeit fehlen. Des Weiteren habe ich an meiner Vergangenheit gearbeitet. Ich habe in sechs Monaten drei Gerichtstermine gehabt, die noch mit meiner Vergangenheit zu tun hatten. Ich war mit zwei ehemaligen Saufkumpanen wegen Betruges angeklagt. Den Schaden hatte ich längst wieder gut gemacht. Beim ersten Termin wurde das Verfahren gegen mich eingestellt. Dann war ich noch zweimal als Zeuge geladen.

Am schlimmsten war das Zusammentreffen mit meinen früheren „Freunden." Dank meiner höheren Macht und Doris habe ich alles trocken überstanden. Aber von Gelassenheit war nichts mehr zu spüren. Ich zitterte und hatte Magenkrämpfe.

Aber als ich meinen Zechkumpanen gegenübertrat, wurde mir besser, denn sie waren in einem jämmerlichen Zustand. Ich fühlte mich in meiner nassen Zeit oft wie ein streunender Hund, und so sahen sie auch aus.

Da ich in Hanstedt lernte, offen über meine Probleme zu reden, fasste ich in Innsbruck, beim Kongress, den Mut, vor vielen AA-Freunden zu sprechen. Ich wünsche jedem, der noch leidet, dass er seinen Weg findet. Ich bin ein zufriedener Mensch geworden, weil ich Doris kennenlernen durfte. Seit fünfzehn Monaten kämpft sie an meiner Seite. Sie tröstete mich bei meiner nervenaufreibenden Umschuldung. Sie ging mit mir zum Zahnarzt, sie war mit bei meinen Gerichtsverhandlungen. Sie tröstete mich, wenn ich traurig war und sie lacht mit mir, wenn ich lustig bin.

Nur eine Flasche Bier

Am 22.11.1986 bin ich drei Jahre trocken. Es gibt mir die Gelegenheit, mal darüber nachzudenken, wo ich eigentlich stehe. Der Grund für diese Gedanken liegt, wie so oft, in Hanstedt.

Ich habe meinen Urlaub auf Sylt für einen Tag unterbrochen, um am „Tag der offenen Tür" dabei zu sein. Nicht, um zu feiern, sondern um mitzuwirken. Um zu informieren, um mir und anderen zu zeigen: Mich gibt es noch, ich bin noch trocken. Ich löse meine Probleme ohne Problemlöser, denn dieser löst mich auf in ein Nichts.

Ich habe mich sehr gewundert, warum keiner an der Gruppe von Wille Warskulat teilnehmen wollte: „Wo fängt die Sucht an, wo hört sie auf." Wo sie aufhört, hatte Willi sehr originell gezeigt - nämlich in der Kiste. Bevor unsere Arbeitsgruppe anfing, setzte ich mich allein in das Zimmer mit dem Sarg und ordnete meine Gedanken. Der Sarg war etwa fünf Meter von mir entfernt, also ein Sicherheitsabstand. Aber in Wirklichkeit ist er viel näher, denn zwischen ihm und mir steht nur eine Flasche Bier oder ein Glas Schnaps. Es ist egal, ob ich einen Tag trocken bin oder dreißig Jahre, der Abstand bleibt immer gleich.

Klaus, Brigitte, Gerd - wo wart ihr, als Ingrid und Christa uns immer wieder eingepaukt hatten „Nur Du alleine schaffst es, aber alleine schaffst Du es nicht." Sie haben immer wieder gesagt: Um auf Dauer trocken zu bleiben, müssen wir regelmäßig in die Gruppen gehen und über unsere Probleme reden.

Ich habe bei den AA nur zwei Sorten von Menschen kennengelernt. Die einen gehen regelmäßig in die Gruppen (wie ich) und sind trocken. Die anderen saufen „kontrolliert", bis sie jämmerlich krepieren oder Selbstmord begehen.

Ingrid hat graue Haare dabei bekommen, uns das alkoholische Denken aus dem Schädel zu holen. Soll ich denn denken: ich bin trocken, was gehen mich die anderen an? Ich will doch nicht nur trocken sein, sondern auch leben. Aber leben kann ich nur mit Freunden, und die finde ich in den Abstinenzgruppen in Hülle und Fülle. Da ich Gruppensprecher bin, kenne ich sehr viele Leute, aber ich kenne nicht einen, der länger als ein halbes Jahr kontrolliert getrunken hat. Vielleicht seid ihr die Ausnahmen, die es immer geben soll. Warum sind wir dann nach Hanstedt gekommen? Weil wir alles versucht haben, um kontrolliert zu trinken, aber immer wieder auf die Schnauze gefallen sind.

Ich war dreimal im Gefängnis, dreimal wohnungslos. Ich habe mich im Hamburger „Pik As" (Obdachlosenasyl) um meine letzten Schuhe geprügelt. Weil mein Kontrollverlust mich vor Scham zur Verzweiflung brachte, machte ich zwei Selbstmordversuche.

Wieviel Energie brauchte ich früher, um an Sprit zu kommen. Jetzt besuche ich ein- bis zweimal pro Woche meine Freunde in der Gruppe und gebe meine Erfahrungen weiter und lerne aus den Erfahrungen anderer. In welcher Welt lebt ihr? Bei mir blühen Blumen, und ich habe keine Angst vor dem Tageslicht.

Der schlimmste Tag ohne Alkohol kann nicht so schlimm sein wie die schönsten Brauereibesichtigungen. Ihr hättet den Sarg sehen sollen, mit Schnaps führt kein Weg daran vorbei, aber trocken ist er eine Warnung, mich niemals zu sicher zu fühlen.

Hamburg, den 22.11.1986

Liebe Christa,

es ist kein Zufall, dass ich Dir heute einen Brief schreibe. Denn heute vor drei Jahren kam ich zum Hansenbarg. Ich hielt mich für einen hoffnungslosen Fall, aber inzwischen weiß ich, es gibt nur eine Bedingung, nämlich der ehrliche Wunsch, mit dem Trinken aufzuhören. Wenn ich mir heute vorstelle, dass ich dreimal im Gefängnis war und im Obdachlosenasyl „Pik As" gestrandet war, sehe ich es positiv. Denn ich weiß, dass mich meine Alkoholkrankheit dorthin gebracht hat. Ich schäme mich nicht mehr wegen meiner Vergangenheit. Am meisten habe ich mich in Hanstedt über die Freundlichkeit gewundert, mit der man mir entgegentrat.

Dieses Gefühl kannte ich gar nicht mehr und es beschämte mich.

Wenn ich zurückdenke, überkommt mich eine große Dankbarkeit, denn Ihr habt meinem Leben wieder einen Sinn gegeben. Kurz vor der Entlassung habt Ihr von meiner Zukunft gesprochen. Ich konnte nicht glauben, dass ich ein normales Leben führen könnte. Jetzt bin ich nicht nur „trocken", sondern ich führe ein glückliches Leben. Um zufrieden zu sein, muss ich meine Erfahrungen weitergeben an Menschen, die noch leiden.

Heute besuchte mich ein Freund, der durch meine Hilfe fünf Monate trocken war. Dann kamen Zweifel, die ich nicht ausräumen konnte. Aber aus meiner Erfahrung konnte ich ihm sagen, was passieren würde, wenn er zwei Bier trinkt. Den Rückfall konnte ich nicht verhindern. Jetzt ist er wieder sieben Monate trocken und weiß, dass ich damals Recht hatte.

Wenn ich nicht nach Hanstedt gekommen wäre, würde ich schon tot sein. Ich lebe von geborgter Zeit. Diese wunderbare Zeit darf ich nicht vergeuden.

Ich bin noch nicht der Mensch, der ich sein könnte. Ich bin auch nicht der Mensch, der ich sein will. Aber ich bin auch nicht mehr der Mensch, der ich einmal war.

Ein Mensch - wie stolz das klingt.

In Liebe und Dankbarkeit

Hermann

Standesamt
Hamburg – Mitte

Aufgebotsbescheinigung

Es wird bestätigt, daß

1. Herr Hermann Gebhardt, geboren 09. August 1951,

wohnhaft in Hamburg, Aue-Insel 30,

und

2. Frau – Fräulein Doris Gisela Demski, geboren 08. Juli 1960,

wohnhaft in Hamburg, Aue-Insel 30,

ihr Aufgebot beantragt haben.

Termin der Eheschließung: 08. Mai 1987.

Hamburg, den 02. Februar 1987

Der Standesbeamte

Czullay

Ein Ziel oder: Ich will nach Hause

Es war einmal ein kleiner Junge von 1,93m. Da er nie in den Spiegel sah, merkte er nicht, wie sein Bart wuchs.

Mittlerweile war er über dreißig Jahre alt. Irgendetwas war nicht mitgewachsen, denn sein Denken und Benehmen glich eher dem eines Sechzehnjährigen. Er hatte halbfertige Tätowierungen und trug unechten Schmuck.

Es gibt Leute, die laufen bei Regen ein, und es gibt Leute, die wachsen bei Regen. Er versuchte, mit Alkohol zu wachsen. Erst mit Alsterwasser, dann mit Bier und Schnaps.

Er hatte eine große Familie. Zuerst gingen die drei Geschwister aus dem Haus und heirateten.

Innerhalb von drei Monaten gingen Oma und Opa auf den Friedhof. Danach ließen sich die Eltern scheiden. Die Mutter heiratete wieder, der Vater hatte eine Freundin, der Junge blieb übrig und musste von heute auf morgen erwachsen sein.

Im Alkoholrausch geriet er öfter mit der Polizei aneinander. Es folgten Bußgelder, Geldstrafen und Gefängnis. Der Ersatz für die Familie war der Alkohol geworden. Der Alkohol machte ihm Frühstück, begleitete ihn zur Arbeit und er verbrachte mit ihm sogar die Freizeit. Der Alkohol hatte Verständnis für ihn und blieb sein treuer Gefährte. Wenn er am Tage Angst hatte, half ihm der Alkohol, wenn er nachts schweißgebadet aufwachte und ihm die Luft wegblieb, half ihm der Alkohol auch. Der Alkohol war ein teures Vergnügen. Zum Schluss war er nur noch teuer, und ein Vergnügen war er schon lange nicht mehr. Er bezahlte für den Alkohol Miete, so dass er aus drei Wohnungen rausgeschmissen wurde. Zweimal wollte er zu seinen Großeltern auf den Friedhof, aber seine Zeit war noch nicht um.

In der Zwischenzeit schlief er im Freien und in Treppenhäusern, sogar im Obdachlosenasyl, wo er sich morgens um seine letzten Schuhe prügeln musste. Der einzige, der in dieser Zeit zu ihm hielt, war der Alkohol.

Am Ende landete er in einer dreckigen Pension in Hamburg-St. Georg. Als er kein Geld für das Zimmer mehr hatte, stand er wieder auf der Straße und bemerkte, dass er die letzten Tage nur noch Blut spuckte. Er spürte: irgendetwas passiert, jetzt geht es zu Ende - so oder so.

Da sein Alkohol eine Abneigung gegen saubere Bettwäsche und Freundlichkeit hatte, kam er nicht mit ins Krankenhaus. Er zog so lange in ein Wohnheim der Heilsarmee und wartete dort, bis die Entgiftung vorbei war. Als der Junge in das Wohnheim kam, wartete sein Freund schon auf ihn.

Aber als der Junge im Krankenhaus aus dem Koma erwachte, ohne den Alkohol, saß die Mutter am Bett. Es tat sehr weh, und er bekam große Sehnsucht nach einer Familie. Es war ein Traum. Er wollte nach Hause. Als er sich die schönste Plastiktüte für seine Habe aussuchte, merkte er: Es gibt für ihn kein Zuhause.

Drei Wochen war der Alkohol überall im Wohnheim, nur nicht in ihm, dann wurde er schwach, und die Rakete war wieder gestartet. Aber dieses Gefühl: „Ich will nach Hause, wo immer es sein mag", ließ ihn nicht mehr los. Es wurde ein Wahn, eine fixe Idee.

Er wusste: Wenn er sterben würde, käme er nicht mehr rechtzeitig nach Hause.

Er machte eine Therapie ohne Alkohol, wurde trocken und erwachsen. Dann verliebte er sich und heiratete. Jetzt ist er zu Hause.

Die Narben an der Seele sind noch nicht verheilt. An seine Vergangenheit erinnern ihn noch die Tätowierungen, die nun nicht mehr fertig werden.

Jetzt versucht er, anderen zu helfen, ihr Zuhause zu finden.

Sorgen ertrinken nicht im Alkohol, sie können schwimmen.

Eindeutige Symptome?

Vor einiger Zeit setzte bei mir die Regel aus. Ich habe mich in der Regel zweimal im Monat über ein Telefongespräch mit meinem Vater geärgert. Das habe ich geändert, in dem ich mit meinem Vater den Kontakt unterbrochen habe. Seitdem ist mein regelmäßiger Ärger vorbei. Gleichzeitig war mir nach den Telefonaten übel. Aber auch die viele Schokolade bekam mir nicht. Ich entwickelte enormen Appetit, und sprach öfter von Babys und sah mich verstohlen nach kleinen Kindern um.

Beim Einkaufen interessierte ich mich plötzlich für Spielzeug und Kindersachen.

Säuglingspflegekurse machten mich neugierig. Meine Doris wusste keinen anderen Rat und nahm mich mit zum Frauenarzt. Durch eine Ultraschalluntersuchung bekamen wir Gewissheit, wir sind schwanger. Auf dem Bildschirm habe ich mir den kleinen wachsenden Menschen angeschaut und vor Freude geweint. Ich glaube, er hat mir verstohlen zugezwinkert, aber nur ich habe es gesehen. Eigentlich brauchen wir keinen Kinderwagen, da ich unser Kind 24 Stunden an mein Herz drücken möchte.

Ich weiß gar nicht, wie ich die Zeit bis Anfang Juni aushalten soll. Es fällt mir schwer im Heute zu leben. Am Hansenbarg hatte ich Sehnsucht nach einer Mutter, nun habe ich Sehnsucht nach einem Kind.

Schade, dass mir keiner meine Schwangerschaft ansieht. Die Therapie versetzte mich in die Lage mir eine eigene Familie aufzubauen, denn mit meinen Eltern und Geschwistern habe ich bis heute keinen richtigen Draht gefunden. Doris gab mir die Energie. Mit dieser Energie habe ich jetzt das Gefühl eine Familie ernähren zu können. Und diese Energie gibt unserem Kind die Wärme, die es braucht. Wärme kommt nicht nur aus der Heizung, Tränen sind nicht nur das Wasser im Auge. Mein Kind, ich liebe dich schon jetzt.

Wehe, wenn du kommst!

Wir sind im 10. Monat schwanger und ich kann nicht schlafen. Wir haben unseren Vertrag eingehalten, nämlich 9 Monate schwanger zu sein und warten nun, dass die Gegenseite das gleiche tut und unser Baby herausrückt.

Das Kinderbett ist da, mein Urlaub ist geplant, und ich warte auf eine Wehe und wenn sie noch so klein ist. Dabei weiß ich gar nicht, wie eine Wehe aussieht oder wie ich sie bemerken kann. So bin ich nun mal, ich warte auf eine Wehe, meine Frau schläft, weil sie schwanger und müde ist. Meiner Doris geht es gut und ihre Tasche für das Krankenhaus ist auch gepackt. Es ist alles bestens organisiert, sogar das Auto war zur Inspektion.

Nur etwas fehlt, eine kleine Wehe. Wehe, wenn du kommst, hoffentlich bin ich dann zu Hause.

Unglaublich aber wahr, Hermann ist Vater geworden!

Endlich ist es soweit, meine Doris und ich haben eine Tochter bekommen, Julia. Am 07.06.89 war der Stichtag, wo Julia kommen sollte, aber am 10.06.89 ist sie dann geboren.

Die Zeit dazwischen war schlimm, ich hätte am liebsten die ganze Zeit das Auto laufen lassen. Ich schleppte Doris die Tasche hin und her und wartete auf ein Zeichen. Ich wartete geduldig vor dem Klo und jedes Husten schien ein Signal zu sein.

Als es dann wirklich soweit war (nachts um 3.00 Uhr) flippte ich bald aus, denn Doris machte sich noch frisch und zog sich in aller Seelenruhe an. Ich lief die ganze Zeit mit ihrer Tasche hin und her und schnappte mir die Kekse und Selters. Als wir in das Krankenhaus kamen fiel mir ein, dass ich einen Krankenwagen bestellen wollte. Aber unser Auto ist ja auch rot. Da ich die Geburt miterleben wollte, bekam ich Plastik über die Schuhe und den OP-Kittel von Prof. Brinkmann.

Nach dem Doris gebadet hatte, kamen wir in den Kreissaal, jetzt merkte ich, das ich die Kekse und Selters im Auto vergessen hatte.

Um die Zeit zu überbrücken, erzählte ich der Hebamme meine Lebensgeschichte, zum Dank versorgte sie mich mit Kaffee. Mit diesem Kittel kam ich mir vor wie in einer Zwangsjacke, denn es war sehr warm.

Um 6.00 Uhr war Schichtwechsel, die neue Hebamme wusste über mich Bescheid und versorgte mich auch mit Kaffee. Dann kam die Ärztin und das Team wurde zusammengestellt. Doris als Hauptperson, die Hebamme, die Ärztin und ich (Wieso ich? Ach ja, ich wollte ja dabei sein und das hieß mithelfen). Später kam Julia dazu, um auch zu helfen. Bevor ich wusste, dass es ein Mädchen ist, erfuhr ich, mein Kind hat blonde Haare. Während der Geburt weinte ich die meiste Zeit. Es ist ein Wunder. Doris wollte keine

Schmerzmittel. Um 8.22 Uhr war die Geburt vorbei. Mutter, Kind und Vater erschöpft aber gesund. Kurz nach der Geburt wurde meine Doris versorgt und ich hielt das erste Mal meine Tochter im Arm. Ich selbst rührte mich über eine Stunde nicht, sodass meine Arme und Beine eingeschlafen waren. Mittags um 12.00 Uhr waren Doris und Julia auf der Station und ich fuhr glücklich aber erschöpft nach Hause.

Es war ein wunderschöner Tag.

Es kam mir vor wie damals, als der grausame Entzug vorbei war und ich Bäume und Vögel sah, die ein Lied für mich sangen.

Nach 6 Tagen kamen Beide nach Hause.

Wir haben tausend Ratschläge bekommen, lasst sie schreien, nehmt sich nicht mit in euer Bett usw. Innerhalb von 24 Stunden hat sie schon zweimal zwischen uns gelegen. Sie hat uns schon so weit gebracht, dass wir bald ohne Schlaf und Essen auskommen. Wenn sie nachts endlich mal keinen Hunger hat und ruhig ist, könnten wir schlafen. Aber nach kurzer Zeit stehen wir am Bett um zu kontrollieren, ob alles in Ordnung ist. Dann schreit sie wieder, weil sie Hunger hat. Wir sind dann sauer, weil wir uns darüber freuen. Das ist positives Denken.

Wenn ich mir überlege, 10.000 Babys machen eine Demo auf dem Rathausmarkt, sie drohen, wenn unsere Bedingungen nicht erfüllt werden, nämlich immer prallgefüllte Brüste parat zu haben, dann schreien wir. Ich bin überzeugt, die Polizei und die Senatoren würden durch dieses Geschrei gezwungen, einen Krisenstab zu bilden, um allen Müttern dieser Erde zu ermöglichen, ihre Säuglinge zu stillen. Selbst die kampferprobten Autonomen aus der Hafenstrasse würden ausziehen. Ich möchte dieses Schreien und die Schlaflosigkeit nicht mehr missen. Dank Hanstedt eine glückliche Familie.

Outing

Seit 33 Monaten lebe ich mit zwei Frauen zusammen. Nicht nur das, sondern man findet uns drei auch manchmal im Bett. Meine Erstfrau ist Doris, wir sind fast 5 Jahre verheiratet, die Zweitfrau ist Julchen, meine Tochter. Sie hat was von mir, sie trinkt Unmengen (Hohes C) und hat dann Gedächtnislücken (wenn sie ihr Spielzeug wegräumen soll).

Es ist kompliziert, weil wir nur eine Spüle, ein Bügeleisen, eine Waschmaschine haben, wir besitzen auch nur einen Fernseher und eine Dreizimmerwohnung. In Zeiten der Not müssen wir alle zusammenrücken, deswegen ist ihr Bett vergeben an das gesamte Team der Sesamstrasse, an den Tierpark Hagenbeck und an alle Puppen von 5-50 cm. Wenn ich nicht rechtzeitig in mein Bett gehe, liegen dort mindestens 10 Teddys. Manchmal streiten sich beide Frauen morgens um 5.00 Uhr, wenn ich zur Arbeit gehe, denn beide wollen mir mein Brot schmieren. Wenn ich mit Julchen alleine unterwegs bin, nennt sie mich manchmal beim Vornamen, ich finde es dann schön wenn die Leute sich umdrehen und denken, wir sind Geschwister.

Sie kann stundenlang im Waschbecken spülen. Vorsichtshalber haben wir ihr einen Rettungsring gekauft. Wenn wir anfangen, in ihren Kinderbüchern zu lesen, hören wir nach einer paar Worten die Geschichte von ihr erzählt. Da ich nicht immer gleich aufstehe, wenn sie ruft, hat sie zu mir schon „Du Klops" gesagt. Nachdem in meinem Essen Knoblauch war, kam sie mit vollgeschissener Windel zu mir und sagte, du stinkst. In Ernie und Bert habe ich zwei Konkurrenten gefunden. Um gegen die beiden konkurrieren zu können, muss ich mindestens 5 Fotoalben mit ihr angucken. Wenn die beiden Frauen miteinander streiten, versucht die Jüngere, mich auf ihre Seite zu ziehen, falls mal Wahlen im Familienvorstand sind. Es ist ein tolles Gefühl, von zwei Frauen geliebt zu werden und zwei Frauen zu lieben, die sich vertragen.

Für diese Geschichte danke ich Erika Berger und Rosa von Praunheim, die mir Mut zum Geständnis gemacht haben.

Man muss bei dem Gedanken Bett nicht immer an was Gutes Denken, denn ich habe auch schon von Julchen ein hartes Buch aufs Auge bekommen. Wenn ich an meine beiden Frauen denke, habe ich ein zärtliches Gefühl. In ihrem Fleiß ist Julchen nicht zu überbieten, sie wäscht ihr Puppenzeug selbst, dazu braucht sie einen eigenen Wäscheständer, sie hat inzwischen eigenes Geschirr, einen Teppichroller, ein Bügeleisen ist im Gespräch. Noch ist sie mit dem Dreirad sehr zufrieden, aber bald muss es wohl ein eigenes Auto sein. Von unserem neuen Schrank beansprucht sie ein Fach für sich. Wenn es Sesamstraße gibt, sitzt sie in unserem bequemen Sessel. Ich kann ohne Begleitung keinen Müll, keine Flaschen oder kein Papier rausbringen, zum Glück habe ich nichts zu verbergen.

Wer auch immer mir dieses schöne Leben ermöglicht hat, dem danke ich von ganzem Herzen.

Sylt, 19.09.89

Ein Löffel Fencheltee

Ich wohnte in einem Hochhaus zwischen 40.000 Menschen, eine Stadt in der Stadt.

Viele kannten meine Adresse und Telefonnummer. Ich kannte viele Adressen und Telefonnummern. Doch mit meiner Angst blieb ich alleine und meine Traurigkeit wollte keiner sehen. Nach einer Überdosis Schlaftabletten wachte ich nach 3 Tagen wieder auf. Eine Tablette muss wohl schlecht gewesen sein oder ich sollte überleben, weil bei meinem Arzt ein neues Quartal begann, und er auf meinen Krankenschein scharf war. Als ich mir in einer dreckigen Pension in St. Georg die Pulsadern öffnete, fand mich kein Freund, sondern ein Feind und ich musste weitersaufen. Wenn ich heute Blutspenden gehe, bekomme ich einen Orden.

40.000 Menschen und Freunde, Eltern, Geschwister, Parteigenossen, Spielmannszug, Polizei, Richter, Staatsanwälte, Gefängniswärter, Sozialamt, Arbeitsamt, Seelsorger, Gastwirte, Postboten, Freundin, Verlobte merkten nicht, dass ich Alkoholiker bin, sondern sie wunderten sich, warum ich so viel trank, denn es bekam mir nicht. Ich sollte weniger trinken. Weniger trinken als alles, was ich bekommen und klauen konnte, bekam mir nicht, denn keiner nahm mir ein Delirium ab. Keiner wollte für mich einen Entzug machen, keiner wollte meine Alpträume und keiner wollte meine Todesangst.

Ich könnte heute in die Alkoholwerbung einsteigen. Diese Werbung ist gezielt für Alkoholiker. Weißer Rum und Karibik. Nach einer tödlichen Leberzirrhose wünsche ich mir eine Seebestattung, damit die Werbung Recht behält. Magenbügler im 3er Pack muss sein, denn den ersten kotzt man gleich wieder aus, leises Gebet, der zweite bleibt halb drin, Gebet erhört, der dritte rutscht runter. Wenn es nur einen einzelnen Magenbitter geben würde, dann dürfte man nur den dritten kaufen. Für den Anspruchsvollen gibt es Bauernfreund, praktisch in der handlichen 2 Liter Großraumflasche, getarnt in der Aldítüte (jetzt könnte jeder denken, ich trinke aus der Tüte Krimsekt). Der Wein müsste unter das Betäubungsmittelgesetz fallen, denn ich fiel jedes Mal um. Aber ich bin auch kein Bauer, sondern Hafenarbeiter. Wenn ich dann höre, „komme doch mit übern Hamburgerberg, dann denke ich, unter diesem Berg werden die Alkoholiker begraben."

Jeder weiß, dass es im Jahr etwa 700 Drogentote gibt, die aktuellen Zahlen werden wie beim Lotto jede Woche bekanntgegeben. Aber wer spricht von den 70.000 Alkoholikern, die jedes Jahr krepieren?

Aus eigener Erfahrung weiß ich, dass Alkoholismus eine tödliche Krankheit ist. Das hat sich bei der Presse noch nicht herumgesprochen.

Wie viele Alkoholkranke werden Stadtstreicher, Penner und erfrieren im Winter, weil der letzte Spiritus in der Kehle landet, um die Leber oder das Gehirn zu zerstören. Ich hatte auf einen Schlag 60 Kästen Bier bestellt im Großhandel, ich konnte mich nicht totsaufen.

Ein Bier ist gut für den Kreislauf, 60 Kästen Medizin, die mich fast umgebracht hätten. Legale Drogen, aber nicht auf Krankenschein. Nach dem ich alle Alkoholsorten durch hatte, begann ich zu krepieren, denn ich spuckte meinen Magen mit Blutklumpen aus. Dagegen gab es kein alkoholisches Getränk mehr als Hilfe.

Auch keinen Magenbitter, darum habe ich überlebt.

Jetzt, wo ich für Julia Fencheltee koche, habe ich denselben Effekt wie damals, mir ist kotzübel. Früher musste ich für dieses Gefühl morgens ca. 1,50 DM aufwenden, heute brauche ich nicht zu saufen und mir ist schlecht und ich spare täglich 1,50 DM. Ich bin fast 6 Jahre trocken, da liegt mit der Familie ein Sylturlaub drin. Warum hat mir das keiner gesagt?

Nun mein Rat an trockene Alkoholiker:

1. Selbsthilfegruppe ist klar
2. Fencheltee
3. 1,50 DM pro Tag sparen, macht im Jahr ca. 500,00 DM aus.

Hermann - früher nasser Alkoholiker, heute trockener Alkoholiker

Fahrgemeinschaft

Im November feiere ich meinen 10. Trockengeburtstag. Aus diesem Anlass hat sich Doris etwas Besonderes einfallen lassen. Wir bilden eine Fahrgemeinschaft. Die Vorbereitungen laufen auf Hochtouren, die Sachen in der rechten Kellerecke kommen fast geschlossen nach oben, unser Urlaub nach Ungarn, der schon gebucht war, wurde storniert. Das Kinderzimmer wird umgestaltet. Im Zeitalter der Fahrgemeinschaften wollen wir uns anpassen und für eine optimale Auslastung unseres Autos sorgen. Ab September fahren wir mit neuer Besatzung. Meine Schwiegereltern, Doris und ich, und Julchen, die zurzeit darauf besteht ein Känguru zu sein und da noch Kapazitäten frei sind unser Baby. Geboren im 10. Jahr nach Hanstedt. Dann hat Doris zwei Kinder (mich und das Baby) und ein Känguru (Julchen).

Wir sind wohl die einzigen Eltern, die mit einem Känguru zu Aldi, zum Turnen und zur Spielgruppe gehen. Es sieht lustig aus, wenn ich mit Julchen zum Brötchen holen hüpfe.

Einerseits bin ich der Ehemann von Doris, andererseits der Kängurupapa von Julchen. Wir haben auch noch zwei Kaninchen. Wenn Julchen kein Känguru ist, möchte sie ein Eselkind sein, das bedeutet, ihr Vater ist ein Esel. Sie liebt auch Hängebauchschweine, und ihre Phantasie scheint grenzenlos. Immerhin, seitdem ich nicht mehr rauche, wiege ich 100 Kilo, und wenn sie von diesen Hängebauchschweinen schwärmt, guckt sie mich so seltsam an.

Irgendwann einmal planen wir einen Familienbus zu kaufen, hoffentlich wollen wir dann nicht alle Plätze belegen. Ich liebe Kinder, denn ich war selbst Eines. Ich liebe Kängurus und Kamele. Ich liebe meine Familie, und das ungeborene Kind, dass meine Doris in ihrem Bauch trägt. Alle, die mich kennen, wissen, wie warm meine Seele ist, wenn ich diese Geschichte schreibe.

Seit dem November 1983, als ich den Hansenbarg verließ, scheint die Sonne heller, dort haben mich nach langer Zeit ihre Strahlen berührt. Seitdem weiß ich die Sonne scheint immer, nur manchmal sieht man sie nicht.

Liebe ist ...

Doris anzusprechen,
sie kennenzulernen,
sie zu heiraten,
und mit ihr ein verantwortliches Elternpaar zu sein.

Ich bin dankbar für mein Zuhause, ich liebe wieder.

Ich muss auch an meine Therapeutinnen denken, Ingrid, die nicht mehr lebt, und Christa, die sich weiter um sozial benachteiligte junge Leute kümmert. Es ist wie in Hollywood, ihr habt aus Frankenstein, den alle fürchteten, den liebenswerten ungeschickten Hermann Munster gemacht. Ihr hattet sechs Monate Zeit dafür. Ich habe mich in 15 Jahren selbst zerstört, obdachlos, Männerwohnheim, Heilsarmee, Gefängnis, Schausteller, Drücker, Betrüger, Selbstmordversuch, Selbstmord auf Raten.

Am Ende wollte ich mit mir selbst nichts mehr zu tun haben.

In Hanstedt habe ich gesagt, hier habt ich mich, seht zu wie ihr klarkommt, in sechs Monaten hole ich mich wieder ab. Zum 22.11.1993 plante ich eine riesige Feier zum 10ten Geburtstag.

Es wurde ein kleiner Kreis, der mit mir feierte.

Ich hatte mein Gerüst eingeladen, das mich solange gestützt hatte, bis ich von innen und außen renoviert war. Ich fing kein neues Leben an, aber ein anderes. Urmelchen, mit Dir möchte ich noch viele schönste Zeiten meines Lebens verbringen. Schade, dass du verheiratet bist, sonst hätte ich dich noch mal geheiratet. Dein Pech, was gibst du dich auch mit einem Alkoholiker ab.

Ich liebe Dich, Du hast ein Herz wie ein Bergwerk.
Hermann

10 Jahre trocken

Im 1. Jahr lernte ich mich selbst kennen, danach fand ich Arbeit und freundete mich mit Doris an. Ich wollte ihr einen Wunsch erfüllen, sie wünschte sich, einmal an einer Gerichtsverhandlung teilzunehmen. Für mich war es kein Problem, ihr diesen Wunsch zu erfüllen. In der Verhandlung, die bis zum OLG ging, war ich der Hauptangeklagte. Sie lernte durch mich auch interessante Leute kennen, z.B. Gerichtsvollzieher.

Ich begann meine Strafen und Schulden abzubezahlen. Am Anfang durfte Doris nicht in meine Einkaufstasche gucken, denn ich schämte mich, weil ich mir manchmal nur noch Toastbrot und Margarine leisten konnte, und zum Mittagessen eine Dose Linsen für 0,69 DM mit einem Glas Würstchen für 1,19 DM. Auch meine Wohnung durfte sie lange nicht betreten.

Als ich bei ihr zu Besuch war, sehnte ich mich nach einer Familie. Mit meiner Schwiegermutter saß ich stundenlang in der Küche und konnte all meinen Kummer und meine Enttäuschungen aus der Vergangenheit erzählen, aber auch meine ersten Erfolge. Schwiegervater war immer im Hintergrund, aber mit viel Geduld gab er mir mein Selbstvertrauen zurück und keine Frage, die ich stellte, schien ihm zu blöd.

Ja Ella und Franz, auch wenn ich es nie direkt ausspreche, aber ich liebe Euch von ganzem Herzen. Wann immer ihr mich braucht, helfe ich gerne. Ihr seid sie Duckdalben, an denen ich zwischendurch festmachen kann, bevor ich weiter ins Leben fahre.

1985 lernte ich Doris kennen, 1987 heirateten wir, 1989 wurde Julchen (Julia) geboren, 1993 Dickmoppel (Philip).

Seit der Geburt meines 2. Kindes habe ich das Gefühl, ich erlebe die schönste Zeit meines Lebens. Seit 10 Jahren hatte ich ungefähr 5-mal die schönste Zeit meines Lebens.

Mein Sohn

Ich werde nie zu dir sagen, ein Indianer kennt keinen Schmerz. Leute, die dieses behaupten, fügen den Indianern heute noch Schmerzen zu, um ihnen dann Whisky zu verkaufen.

Ich werde nie sagen, ein Junge weint nicht. Ich hoffe, du kannst einmal um einen kaputten Teddy weinen.

Du musst kein artiges Kind sein, es langt, wenn du ein Kind bist. Du musst in der Schule nicht der Beste sein, ich hoffe, du bekommst gute Lehrer.

Es ist nichts Schlimmes daran, seine Eltern zu lieben, besser als kein Bock auf die Alten zu haben. Ich hoffe, ich kann dir ein Freund sein.

Ich gönne dir, dass du bei Kerzenschein mit deiner Freundin ein Glas Wein trinken kannst.

Ich habe maßvolles trinken nie kennengelernt. Ich kann nicht all deine Probleme lösen, aber ich kann sie mit dir teilen. Ich will versuchen dich auch dann liebzuhaben, wenn du es am wenigsten verdienst.

Ich hoffe, du brauchst dich wegen deiner Eltern nie zu schämen.

Ich hoffe, du bekommst die Ausdauer deiner Mutter, die es all die Jahre mit mir ausgehalten hat. Ich liebe meine Familie so sehr, dass ich weinen könnte.

Meine Tochter

Wenn ich meine Tochter beobachte, muss ich an einen Schmetterling denken. Ein Schmetterling, der in wunderschönen Farben hin und her flattert. Wenn man ihn zeichnen würde, hätte er schon wieder die Farbe gewechselt. Dieser bunte Schmetterling, der so schnell hin und her fliegen kann, ist gleichzeitig eine graue Raupe, die ganz langsam über den Boden kriecht. Man kann eine Raupe nicht schieben oder ziehen, damit sie schneller kriecht. Selbst wenn diese Raupe Angst hat, kann sie nicht und will nicht schneller werden. Trotzdem geht jeder vorsichtig mit dieser Raupe um, weil man in ihr den bunten Schmetterling sieht. Wenn du diesen Schmetterling einfangen willst, wird er alle seine Farben verlieren. Mit einem Schmetterling kann man sich nur anfreunden, wenn man bereit ist, lange genug zu warten, bis dieser Schmetterling sich auf seine Hand setzt und wenn man dann nicht versucht, ihn einzufangen, wird er all seine wunderschönen Farben behalten und auch andere Menschen können sich über diesen wunderschönen Anblick erfreuen.

Obwohl diese Farbenpracht von dem Schmetterling im richtigen Moment nur für dich leuchtet und nur du die richtigen Farben erkennen kannst. Fange niemals einen Schmetterling. Als es in Finkenwerder noch keine Punks gab, war meine Tochter die erste, die zwei verschiedenfarbige Strümpfe anzog und manchmal auch zwei verschiedene Schuhe. Sie war damals 3 oder 4 Jahre alt. Wir Eltern erkannten damals als erstes den Schmetterling.

Für meinen Butterfly Julia

Das was du weg gibst, ist Dein. Was du behältst, wird dir nie gehören.

Indianer kennen keinen Schmerz und Schmetterlinge können nicht weinen. Alles falsch, wenn du einen Schmetterling fängst, weint er und die Tränen wischen seine wunderschönen Farben ab. Wir kennen alle die Motten, die grau und dunkel im Kleiderschrank gefangen sind. Ein Schmetterling flattert sehr lange hin und her, bis er sich für einen festen Platz entscheidet.

Führungszeugnis

Ich habe gelogen, betrogen, gestohlen, verletzt, geprügelt, enttäuscht, versagt, geschämt, abgestritten, verleugnet, nicht einsehen wollen, geglaubt, Glauben verloren, Geld verloren, Freunde verloren, Arbeit verloren, Wohnung verloren, Menschenwürde verloren, mich verloren.

Ich weiß jetzt wie man lebt.

Leiden gehört dazu. Ich war zu zehnt allein, ich war zu fünft allein, ich war zu dritt allein, ich war allein, allein.

Ich habe gelernt und glaube an mich.

Erwachsen

Erwachsen wurde ich, als ich mit dem Saufen aufhörte, mit dem Rauchen aufhörte, mit dem Raufen aufhörte, als ich mit meiner Tochter und ihren Barbiepuppen spielte, und mit meinem Sohn in einer Sprache redete, die nur wir beide verstanden.

Erwachsen wurde ich, weil ich mich wie ein Kind über kleine Sachen freute. Erwachsen wurde ich, weil ich die Frauen achtete, weil ich die Schwachen schützen möchte. Ich bin erwachsen, weil ich manchmal ein Kind sein möchte. Es ist so anstrengend erwachsen zu sein, ich hoffe, ich werde nie ganz erwachsen.

Ich bin nicht stark, ich bin sensibel, ich bin empfindlich, verletzlich. Ich kenne nicht alle Antworten, ich bin nie der Beste, nie der Stärkste, nie der Erste, ich kann nicht streng sein, ich war kein harter Soldat.

Ich habe nie was Besonderes geleistet, alle Schmerzen bei der Geburt meiner Kinder hat Doris alleine ausgehalten, obwohl statistisch mir 50% zustehen würden. Sie hat auch die ganzen 10 Monate Schwangerschaft mit übernommen, also auch meinen Anteil von 20 Wochen. Manchmal weine ich um andere Schicksale, ich möchte noch einmal bei meiner Mutter auf dem Schoß sitzen und von meinem Vater beschützt werden.

Erwachsen sein, heißt oft gegen den Strom schwimmen. Ja ich bin erwachsen, weil ich einen eigenen Teddy habe. Man könnte denken, die schlechte neue Zeit hat die gute alte Zeit abgelöst. Ein Glück, dass es immer noch Kinder gibt, ich war selbst mal eines, es ist noch gar nicht lange her.

Die Zeitmaschine in Hanstedt hat mich in 6 Monaten 15 Jahre überspringen lassen. Erwachsen werden ist blöde, aber ich bin ja erst 42 Jahre. Um es in der Jugendlichensprache auszudrücken, es ist ein geiles Gefühl trocken zu sein.

Unmögliches wurde möglich, seit 24 Jahren verheiratet!

Krebs	Löwe
Angestellter	Arbeiter
Frau	Mann
Tochter	Sohn
Mutter	Vater
Fiat	Toyota
Evangelisch	Freidenker
Hausfrau	Steuerzahler
Doris	Hermann

In guten wie in schlechten Zeiten.

Wir sind beide alleine schon so verschieden. Wir können nicht zusammen tanzen und nicht zusammen Kanu fahren, aber wir achten uns, und wir lieben uns, in guten wie in schlechten Zeiten. Und wir haben auch noch zwei völlig verschiedene Kinder.

Tochter	Sohn
Mädchen	Junge
Schülerin	Schüler
Julchen	Phili
Julia	Philip

Wir sind glücklich!

Bei uns hat alles ein bisschen länger gedauert.

Heute, Juni 2011

Ich bin seit 27,5 Jahren trocken, das heißt, ich habe seit dem 22.11.1983 keinen Tropfen Alkohol mehr zu mir genommen.

Einen Tag vorher vertrank ich mein letztes Krankengeld von der AOK in der Roxibar in Hamburg, St. Georg. Vorher war ich noch kurz auf der Reeperbahn.

Aus Solidarität bin ich nach 20jähriger Zugehörigkeit der BKK zur AOK zurück gewechselt. Ich freue mich sehr, dass mein Buch nochmal aufgelegt wird. Denn es endet mit meiner Hochzeit und die ist 24 Jahre her.

Obwohl ich nie getauft wurde und auch nicht am Religionsunterricht teilnehmen durfte, bin ich immer wieder in Armen der Kirche gelandet. Ich habe eine eigene Einstellung zu einer höheren Macht gefunden. Die hat so viel Liebe zu vergeben, dass sie sogar mich erreichte. Als Kind war ich gelähmt und Herzkrank. Deswegen war ich bei den Cowboy - und Indianerspielen immer ein Indianer, aber Schwerverletzter. Die Cowboys waren die Helden. Die Indianerrolle behielt ich als Erwachsener.

Sucht kommt von suchen. Als ich vor ein paar Jahren mit meiner Familie und beiden Omas in Österreich Urlaub machte, unternahmen wir einen Stadtbummel in Salzburg. Ich bekam einen Flyer in die Hand gedrückt, es war eine Einladung zu einem Konzert. Hermann, der ehemals Säufer und Rocker war, hörte das Prager Sinfonieorchester.

In der Halle hatte ich das Gefühl, ich wurde vom Himmel bestahlt und weinte Freudentränen. Ich glaube, es war eine spirituelle Erfahrung.

Vor einiger Zeit in Freiburg im Breisgau. Wir saßen in einem Café, gegenüber stand eine Kirche. Vor der Kirche hielt ein alter VW, es stiegen zwei Franziskanermönche aus, einer davon hatte Cowboystiefel an.

Er nahm sich eine Zigarettenkippe hinter dem Ohr weg und rauchte. Die Beiden glaubten, sie seien unbeobachtet.

Es war wunderschön, ich werde es nie vergessen.

Vor kurzem wurde meine Schwägerin mit über 60 Jahren getauft. Es war eine freie Gemeinde. Der Sprecher erzählte die Geschichte von dem verlorenen Sohn aus der Bibel. Es war wunderschön.

Man schätzt, dass ein Alkoholiker etwa ein Einfamilienhaus vertrinkt. Als Doris mich kennenlernte, trank ich zwar keinen Alkohol mehr, aber das Pfandgeld reichte nicht, um meine Schulden zu bezahlen. Ich habe im Hamburger Hafen gelernt und alles, was mit dem Hafen zu tun hat, interessiert mich noch heute.

Es gibt keine Zufälle, aber ich habe einen Mann getroffen, der mir die Druckkosten für die Neuauflage leihen will. Ich habe für Freunde und Bekannte über das Aufwachsen meiner beiden Kinder geschrieben, aber auch das ist schon 17 Jahre her. Jetzt ist Julia 22 und Philip wird im September 18 Jahre alt.

Nun ist mein Verlag, der über 100 Jahre besteht, Pleite. Bei der 100-Jahrfeier waren meine Frau und ich noch eingeladen.

Es gab ein Poster, auf dem mein Buch zu sehen ist. In Hamburg war ich damals eines der ersten Mitglieder der „Hamburger Tafel."

Leider wird dort nicht mehr erwähnt, dass uns die „Hamburger Morgenpost" gesponsert hatte, sonst wäre es wohl schwierig geworden. Bei „Shell Oil Deutschland" bekam ich für meine Suchtarbeit eine der höchsten Auszeichnungen, die es in Europa gibt.

Im September mache ich mit den neuen Lehrlingen, wie in den letzten Jahren auch, eine Information zum Thema Alkohol.

Danke Doris, ich liebe dich!

*Wenn du einem geretteten Trinker begegnest,
dann begegnest du einem Helden.*

*Es lauert in ihm schlafend der Todfeind,
er bleibt behaftet mit seiner Schwäche
und setzt seinen Weg fort
durch eine Welt der Trinkunsitten,
in einer Umgebung, die ihn nicht versteht,
in einer Gesellschaft, die sich berechtigt hält,
in jämmerlicher Unwissenheit auf ihn herabschauen,
als auf einen Menschen zweiter Klasse,
weil er es wagt, gegen den Alkoholstrom zu schwimmen.*

*Du sollst wissen:
Er ist Mensch erster Klasse!*

Pastor Friedrich von Bodelschwingh